C. G. Jung

Worte der Seele

C. G. Jung

Worte der Seele

Herausgegeben
und eingeleitet von
Franz Alt

Herder
Freiburg · Basel · Wien

1. Auflage
Die Auswahl (vgl. Quellenverzeichnis S. 128) erfolgte
mit freundlicher Erlaubnis des Walter Verlags,
Olten/Schweiz

Umschlagmotiv: August Macke, Farbenkreis II, 1913
Städt. Kunstmuseum, Bonn
Umschlaggestaltung: Hermann Bausch
Herstellung: Clausen & Bosse, Leck
Gedruckt auf umweltfreundlichem,
chlorfrei gebleichtem Papier
ISBN 3-451-21579-9

Inhalt

Einleitung

Seele: Großmacht der Zukunft

Als 1989 die über 40jährige Ost-West-Konfrontation zu Ende war, glaubten viele, jetzt werde »ewiger Friede« oder »das Ende der Geschichte« oder zumindest »das Ende der Ideologien« sein. Viele träumten von der »Friedensdividende« zugunsten der Entwicklungsländer oder für ökologische Projekte. Doch inzwischen wissen wir: Es gibt auf unserem Planeten mehr Kriege als zuvor, noch mehr Umweltzerstörung, und der Abstand zwischen armen und reichen Ländern wurde noch größer. Es sah so aus, als habe »der« Kapitalismus »den« Sozialismus besiegt. Doch inzwischen wird die Frage existentiell: Was richtet der real existierende Kapitalismus physisch und psychisch, ökonomisch und ökologisch, sozial und politisch weltweit an? Wird sich das jetzt beinahe global herrschende politische System zu Tode siegen?

Lassen Sie mich, um die Dringlichkeit dieser Fragestellung zu verdeutlichen, als Fernsehjournalist den Versuch machen, für einen Durchschnittstag in der zweiten Hälfte der neunziger Jahre eine ökologisch wahrhaftige Tagesschau zu formulieren. Am Tag, an dem Sie diese Zeilen lesen, müßten meine Hamburger Kolleginnen und Kollegen zum Beispiel sagen:

Auch heute
* sind 100 000 Menschen verhungert,
* sind 100 Tier- und Pflanzenarten ausgestorben,
* werden 86 Millionen Tonnen Erdreich abgeschwemmt,
* wurden 55 000 Hektar Tropenwald abgeholzt,
* haben sich die Wüsten um 20 000 Hektar ausgedehnt,
* wurden 100 Millionen Tonnen Treibhausgase in die Luft geblasen.

Das geht morgen so weiter und übermorgen und jeden Tag der nächsten Woche und jeden Tag des nächsten Monats und jeden Tag des nächsten Jahres. Wir führen einen Dritten Weltkrieg gegen die Natur. Wir verbrennen – zum Beispiel durch unser heutiges Energie- und Verkehrsverhalten – die Zukunft unserer Kinder und Enkel. Wer macht sich bei einer Autofahrt bewußt, daß *ein* Liter Benzin 10 000 Liter Luft verbraucht?

Eine alles harmonisierende und dazu unpolitische Psychologie und eine Theologie, die zur reinen Vertröstungsideologie verkommen ist, haben uns allzulange eingeredet: Wir wissen nicht, was wir tun! Deshalb sei alles nicht so schlimm.

Das Gegenteil ist wahr: Spätestens seit dem Umweltgipfel in Rio de Janeiro kann kein Mensch in Europa oder USA oder Japan mehr sagen, er habe nichts gewußt. Wir wollen zwar nichts wissen, aber wir wissen alles! Die Vorboten der jetzt schon programmierten Naturkatastrophen stehen Tag für Tag in der Zeitung. Unser Problem ist nicht mehr, nichts zu wissen. Unser Problem ist, nichts tun zu wollen trotz unseres Wissens. Wir tun nicht, was wir wissen! Warum?

Keine Frage scheint mir so drängend und zugleich überlebensentscheidend für die heutige Menschheit zu sein wie diese: Warum tun wir nicht, was wir wissen?

Hier sind die Psychologie und die Psychoanalyse, die Tiefenpsychologie und die analytische Psychologie gefragt und herausgefordert wie nie zuvor. Und C. G. Jung kann in dieser Situation – so meine politische Überzeugung und meine persönliche Erfahrung – sehr hilfreich sein.

Damit wir zu tun lernen, was wir wissen, brauchen wir eine »Ökopsychologie« (*Theodor Roszak*).

Im Zeitalter der globalen Umweltzerstörung meint die Ökopsychologie: Individuelle Heilungsprozesse gelingen nur, wenn Menschen sich auch für das Wohlergehen der Natur und ihrer Umwelt engagieren. Es kann unsere Seele nicht gesunden, wenn die Umwelt immer mehr krank wird.

Wie sollen seelische Krankheiten heilen, wenn immer mehr Menschen kein Wasser zum Trinken haben, keine Luft zum Atmen und keine Böden, auf denen noch etwas wächst?

Wie wollen Menschen psychisch lebendig bleiben, wenn sie durch ihr alltägliches Verhalten immer mehr Arten ausrotten?

In den 200 Jahren des Industriezeitalters sind wir Westeuropäer materiell Weltmeister geworden, doch psychisch sind wir verkrüppelt. Wie sonst ließe sich die erschreckende Realität der zunehmenden und globalen Umweltzerstörung erklären?

Herkömmliches Verhalten ruft bei Katastrophen nach Staat und Politik. In der Schule C. G. Jungs aber lerne ich zu fragen:

- Was kann *ich* tun?
- Wie kann ich *selbst* zur Heilung beitragen?
- Was bedeutet *Individuation* für die Gemeinschaft von Mensch, Tier und Pflanzen?
- Wie integriere ich individuelle Heilung in Heilungsprozesse für den Planeten?
- Liegt der Kern unserer Neurosen nicht im Entfremden des Menschen von der ihn tragenden Natur?
- Wie können wir Psychotherapie in einen ökologischen und kosmologischen Zusammenhang einbinden?

C. G. Jung hat diese aktuellen Fragen so vor 50 Jahren natürlich noch nicht gestellt. Aber diese Fragen stellen sich jedem, der sich auf den bedeutendsten Tiefenpsychologen unseres Jahrhunderts wirklich einläßt. Dazu möchte dieses Bändchen anstiften. C. G. Jungs Tiefenpsychologie hat die Basis geschaffen für die heute überlebensnotwendig gewordene Tiefenökologie.

Vor 15 Jahren ging ich in einer tiefen Lebenskrise durch eine Jung'sche Therapie. Dabei habe ich die lebensrettenden Erkenntnisse des Schweizer Psychologen kennengelernt. C. G. Jung kann helfen, die psychische Hornhaut aufzukratzen, damit die Seele wieder atmen und leben kann. Je mehr Menschen sich auf diese Seelenarbeit einlassen, desto größer die Heilungschance für die Menschheit und für alles Leben auf unserem schönen Planeten.

Politische, technologische und wissenschaftliche »Worte« sind genug gewechselt – sie haben nicht viel bewirkt. Erst »Worte der Seele« können eine Heilung aus der Tiefe, eine wirkliche Heilung, bewirken.

Die politischen Großmächte werden den Krieg gegen die Natur nicht beenden können – im Gegenteil, sie führen ihn besonders intensiv und Deutschland gehört dazu.

C. G. Jung hat die Seele die eigentliche Großmacht genannt, die alle Mächte der Erde um ein Vielfaches überragt. Nur über radikale Seelenarbeit können wir mitarbeiten am Friedensvertrag mit der Natur. Frieden in uns führt zu Frieden um uns.

Nur die Entdeckung der Großmacht Seele wird unsere Mitarbeit am Bewahren der Schöpfung erfolgreich werden lassen.

Baden-Baden, 6. Januar 1995

Franz Alt

I

Seele

Das Psychische ist eine Großmacht

Denn das größte und zugleich uns allernächste Welträtsel ist der Mensch selber.

Wirklichkeit der Seele, S. 8

Was die Seele ist, wissen wir ebensowenig wie, was das Leben ist. Geheimnis genug, um unsicher zu sein, wieviel Ich Welt und wieviel Welt Ich ist! Das Unbewußte aber ist *wirklich* auf jeden Fall, denn es *wirkt*. *Ges. Werke X, S. 30*

Ist doch die Seele wohl das undurchsichtigste und unnahbarste Gebilde, mit dem sich wissenschaftliches Denken je beschäftigt hat.

Ges. Werke VIII, S. 311

Woher stammt das Wort Seele? Seele, wie das englische soul, ist im Gotischen saiwala, urgermanisch saiwalô, das etymologisch mit dem griechischen aiolos, beweglich, bunt, schillernd, zusammengestellt wird. Das griechische Wort psyche heißt bekanntlich auch Schmetterling. Saiwalô wird andererseits auch mit dem altslavischen sila, Kraft, zusammengestellt. Aus diesen Beziehungen fällt ein erklärendes Licht auf die Urbedeutung des Wortes Seele: sie ist bewegende Kraft, wohl Lebenskraft.

Der lateinische Name animus, Geist, und anima, Seele, ist dasselbe wie das griechische anemos, Wind. Das andere griechische Wort für Wind, pneuma, bedeutet bekanntlich auch Geist. Im Gotischen begegnet uns dasselbe Wort als us-anan, ausatmen, und im Lateinischen anhelare, mühsam atmen. Im Althochdeutschen wurde spiritus sanctus durch atum, Atem, wiedergegeben. Im Arabischen ist rih, Wind, ruh, Seele, Geist. Eine ganz ähnliche Verwandtschaft hat das griechische psyche, das mit psycho, hauchen, psychos, kühl, psychros, kalt, und physa, Blasebalg, zusammenhängt. Diese Zusammenhänge zeigen deutlich, wie im Lateinischen, Griechischen und Arabischen die Namengebung für Seele mit der Vorstellung von bewegter Luft, dem »kalten Geisterhauch«, zusammenhängt. Daher kommt es wohl auch, daß die primitive Anschauung der Seele einen unsichtbaren Hauchkörper gibt.

Es ist ohne weiteres verständlich, daß, weil Atmen das Kennzeichen des Lebens ist, Atem für Leben gesetzt wird, ebenso wie Bewegung und bewegende Kraft. Eine andere primitive Anschauung sieht die Seele als Feuer oder Flamme, weil Wärme ebenfalls ein Kennzeichen des Lebens ist. Eine merkwürdige, jedoch nicht seltene primitive Auffassung identifiziert die Seele mit dem Namen. Der Name des Individuums ist seine Seele, daher die Sitte, durch Gebrauch der Ahnennamen Ahnenseelen in Neugeborenen zu inkarnieren. Diese Auffassung bedeutet wohl nichts anderes als die Anerkennung des Ichbewußtseins als Ausdruck der Seele.

Ges. Werke VIII, S. 379/380

Wie es früher selbstverständliche Voraussetzung war, daß alles, was ist, einstmals aus dem Schöpferwillen eines geistigen Gottes geboren wurde, so hat das 19. Jahrhundert die ebenso selbstverständliche Wahrheit entdeckt, daß alles aus materiellen Ursachen hervorgehe. Heute baut sich nicht die Seelenkraft einen Körper auf, sondern umgekehrt, der Stoff erzeugt aus seinem Chemismus eine Seele. Diese Umkehrung wäre zum Lachen, wenn sie nicht eine der großen Wahrheiten des Zeitgeistes wäre. Es ist populär, daher anständig, vernünftig, wissenschaftlich und normal, so zu denken. Der Geist soll als ein Epiphänomen des Stoffes gedacht werden. Auf diesen Schluß läuft alles hinaus, auch wenn man nicht gerade »Geist«, sondern »Psyche« sagt, und nicht gerade von »Stoff«, sondern von »Gehirn«, »Hormonen« oder von »Instinkten« und »Trieben« spricht. Der Seele eigene Substanz zu geben, ist dem Zeitgeist zuwider, denn das wäre Ketzerei. *Ges. Werke VIII, S. 375*

Der Nährboden der Seele ist das natürliche Leben. *Ges. Werke VIII, S. 447*

Die Psyche ist existent. Sie ist sogar die Existenz selber. *Ges. Werke XI, S. 9*

Was die Leute meist übersehen oder nicht verstehen können, ist der Zustand, daß ich die Psyche für wirklich halte. *Ges. Werke XI, S. 497*

Das Psychische ist eine Großmacht, das alle Mächte der Erde um ein Vielfaches übersteigt.
Ges. Werke XVII, S. 201

Die Erfahrung zeigt ja, wie das Ichsein, nämlich das Bewußtsein, aus unbewußtem Leben hervorgeht. Das kleine Kind hat psychisches Leben ohne nachweisbares Ichbewußtsein, weshalb die ersten Lebensjahre kaum einige Erinnerungsspuren hinterlassen. Woher kommen alle guten und hilfreichen Einfälle? Woher Begeisterung, Inspiration und jedes erhöhte Lebensgefühl? Der Primitive fühlt in der Tiefe seiner Seele den Lebensquell, er ist aufs tiefste beeindruckt von der lebenschöpfenden Tätigkeit seiner Seele, weshalb er an alles glaubt, was auf die Seele wirkt, nämlich an magische Gebräuche aller Art. Darum ist für ihn die Seele das Leben überhaupt, das er nicht zu meistern sich einbildet, sondern von dem er in jeglicher Beziehung abhängt.

Die Idee von der Unsterblichkeit der Seele, so unerhört sie uns auch klingen mag, ist der primitiven Empirie nichts Außerordentliches. Gewiß ist die Seele etwas Seltsames. Sie ist im Raume nicht richtig zu lokalisieren, wo doch alles Seiende bestimmten Raum in Anspruch nimmt. Gewiß nehmen wir an, unsere Gedanken seien im Kopf, aber schon bei den Gefühlen werden wir unsicher, denn sie scheinen eher die Herzregion zu bewohnen. Die Empfindungen sind vollends über den ganzen Körper verteilt. Unsere Theorie ist zwar, daß der Bewußtseinssitz im Kopf sei. Die Puebloindianer aber sagten mir, die Amerikaner seien verrückt, weil sie dächten, ihre Gedanken seien im Kopf. Jeder vernünftige Mensch denke doch im Herzen. Gewisse Negerstämme haben ihre psychische Lokalisation weder im Kopf noch im Herzen, sondern im Bauch. *Ges. Werke VIII, S. 381*

Daß die alte Anschauung der Seele höheres, ja göttliches Wissen zutraut, ist in Anbetracht des Umstandes, daß alte Kulturen, zurück bis in die Primitivität, Träume und Visionen stets als Erkenntnisquelle benützt haben, wohl zu verstehen. Tatsächlich verfügt das Unbewußte über subliminale Wahrnehmungen, deren Reichweite ans Wunderbare grenzt. In Anerkennung dieses Umstandes werden auf primitiver Stufe die Träume und Visionen als wichtige Informationsquellen benützt, und über dieser Psychologie sind mächtige, uralte Kulturen, wie die indische und die chinesische, entstanden, welche beide den inneren Erkenntnisweg, philosophisch und praktisch, bis ins feinste ausgebildet haben. *Ges. Werke VIII, S. 382*

Die Wertschätzung der unbewußten Psyche als Erkenntnisquelle ist keineswegs so illusionär, wie unser westlicher Rationalismus es haben möchte. Unsere Neigung ist es, anzunehmen, daß alle Erkenntnis in letzter Linie immer von außen stamme. Wir wissen aber heute bestimmt, daß das Unbewußte über Inhalte verfügt, die, wenn sie bewußtgemacht werden könnten, einen unabsehbaren Erkenntniszuwachs bedeuten würden. Die moderne Instinktforschung bei Tieren, zum Beispiel bei Insekten, hat ein reiches empirisches Material zusammengebracht, welches mindestens beweist, daß, wenn ein Mensch gegebenenfalls so handelte wie ein bestimmtes Insekt, er im Besitze einer überlegenen Erkenntnis sein würde. Es ist natürlich keineswegs nachzuweisen, daß die Insekten ein Bewußtsein ihres Wissens haben, aber daß diese unbewußten Inhalte psychische Funktion sind, daran kann der gesunde Menschenverstand nicht zweifeln.

Ges. Werke VIII, S. 382

Von unserem äußerlichen Standpunkte gesehen, erscheint uns das Seelische wesentlich als Abbild äußerer Vorgänge, durch diese nicht nur veranlaßt, sondern ursächlich erschaffen. So erscheint es uns auch zunächst, als ob das Unbewußte nur von außen und vom Bewußtsein her zu erklären wäre. Wie Sie wissen, hat FREUDS Psychologie diesen Versuch gemacht. Diese Unternehmung könnte aber nur dann wirklichen Erfolg haben, wenn das Unbewußte tatsächlich etwas wäre, das erst durch das individuelle Dasein und Bewußtsein entstünde. Das Unbewußte ist aber immer schon vorher da, denn es ist die seit Urzeiten vererbte Funktionsbereitschaft. Das Bewußtsein ist ein spätgeborener Nachkomme der unbewußten Seele. Es wäre wohl verkehrt, das Leben der Ahnen aus dem späten Epigonen zu erklären, daher ist es auch meines Erachtens verfehlt, das Unbewußte als in kausaler Abhängigkeit vom Bewußtsein zu betrachten. Das Umgekehrte ist darum wohl das Richtigere.

Ges. Werke VIII, S. 384

Unser Gegenwartsbewußtsein ist ein bloßes Kind, das erst anfängt »ich« zu sagen.

Ges. Werke X, S. 161

Im Grunde genommen sind wir dermaßen in psychische Bilder eingehüllt, daß wir zum Wesen der Dinge außer uns überhaupt nicht vordringen können. Alles, was wir je wissen können, besteht aus psychischem Stoff. Psyche ist das allerrealste Wesen, weil es das einzig Unmittelbare ist. Auf diese Realität kann sich der Psychologe berufen, nämlich auf die *Realität des Psychischen.*

Ges. Werke VIII, S. 386/7

Die Tatsache, daß unmittelbare Erfahrung nur psychisch ist und daß darum unmittelbare Realität nur psychisch sein kann, erklrät, warum für den primitiven Menschen Geister und magische Wirkung ebenso dinglich sind wie physische Ereignisse. Der Primitive hat seine Urerfahrung noch nicht in Gegensätze zerrissen. In seiner Welt durchdringen sich noch Geist und Stoff, und Götter wandeln noch durch Wald und Feld. Er ist noch wie ein Kind, erst halbgeboren, noch träumend eingeschlossen in seine Seele, in die Welt, wie sie wirklich ist, noch nicht verzerrt durch die Erkenntnisschwierigkeiten eines dämmernden Verstandes. Aus dem Zerfall der Urwelt in Geist und Natur hat sich der Westen die Natur gerettet, an die er temperamentmäßig glaubt und in die er sich mit allen schmerzhaften und verzweifelten Vergeistigungsversuchen nur immer mehr verstrickte. Der Osten dagegen wählte sich den Geist, den Stoff als Maja erklärend, um in asiatischem Schmutz und Elend dahinzudämmern. Aber wie es nur *eine* Erde gibt, und Osten und Westen die *eine* Menschheit nicht in zwei verschiedene Hälften zu zerreißen vermögen, so besteht die psychische Realität noch in ursprünglicher Einheit und wartet auf den Fortschritt des menschlichen Bewußtseins vom Glauben ans eine und der Leugnung des anderen zur Anerkennung der beiden als konstitutiver Elemente der *einen* Seele. *Ges. Werke VIII, S. 387/388*

Die Kräfte des Gemütes aber sind sehr oft die Faktoren, die hauptsächlich und in letzter Linie entscheiden, im Guten wie im Bösen. Wenn jene Kräfte aber unserer Vernunft nicht zu Hilfe eilen, so erweist sich diese meistens als ohnmächtig. Hat uns die Vernunft und die gute Absicht vielleicht vor dem Weltkrieg oder vor irgendeinem anderen katastrophalen Unsinn bewahrt? Oder sind die größten geistigen und sozialen Umwälzungen aus Vernunft entstanden, wie zum Beispiel die Verwandlung der antiken Wirtschaftsform in die mittelalterliche? Oder die explosionsartige Ausbreitung der islamischen Kultur? *Ges. Werke VIII, S. 388*

Wenn es schon das Vorurteil der bisherigen Medizin war, man könnte und sollte die Krankheit an und für sich behandeln und heilen, so werden doch in neuester Zeit Stimmen laut, welche diese Ansicht für Irrtum erklären und nicht die Behandlung der Krankheit, sondern die des kranken Menschen befürworten. Diese selbe Forderung drängt sich uns in der Behandlung der seelischen Leiden auf. Wir wenden unseren Blick mehr und mehr von der sichtbaren Krankheit weg und richten ihn auf den ganzen Menschen, denn wir haben eingesehen, daß gerade seelische Leiden nicht lokalisierte, eng begrenzte Phänomene sind, sondern an sich Symptome einer gewissen falschen Einstellung der Gesamtpersönlichkeit. Eine gründliche Heilung kann deshalb nie von einer auf das Leiden selber beschränkten Behandlung, sondern nur von einer Behandlung der ganzen Persönlichkeit erhofft werden.

Ges. Werke VIII, S. 388/389

Die moralische Haltung ist ein realer Faktor, mit dem der Psychologe rechnen muß, soll er nicht schwerste Irrtümer begehen. Das gleiche gilt von der Tatsache, daß gewisse rational nicht zu begründende religiöse Überzeugungen für viele

Menschen eine Lebensnotwendigkeit sind. Es sind wiederum seelische Realitäten, welche Krankheiten verursachen und heilen können. Wie oft hörte ich schon einen Kranken ausrufen: »Wenn ich wüßte, daß mein Leben irgendeinen Sinn und Zweck hätte, dann brauchte ich diese ganze Nervengeschichte nicht!« Ob der Betreffende nun reich oder arm ist, Familie und Stellung hat oder nicht, macht gar nichts aus, denn diese Tatsache genügt ihm als Lebenssinn längstens nicht. Es handelt sich vielmehr um die irrationale Notwendigkeit eines sogenannten geistigen Lebens, das er aber weder von Universitäten, noch von Bibliotheken, noch auch von Kirchen beziehen kann. Denn er kann es nicht annehmen, weil es nur seinen Kopf berührt, nicht aber sein Herz ergreift.

Ges. Werke VIII, S. 389/390

Wir dürfen die gegenwärtige Lage dem Zustand der Medizin im 16. Jahrhundert vergleichen, wo man anfing, die Anatomie kennenzulernen, von der Physiologie aber noch keine Ahnung hatte. So ist uns auch das geistige Leben der Seele erst in kleinsten Bruchstücken bekannt.

Ges. Werke VIII, S. 390

Vor allem meint jeder, daß Psychologie das sei, was er am besten kenne – Psychologie ist doch immer *seine* Psychologie, und die kennt nur *er*, und zugleich ist seine Psychologie doch *die* Psychologie überhaupt. Man setzt instinktiv voraus, daß die eigene seelische Beschaffenheit zugleich eine allgemeine sei, und daß jedermann im wesentlichen so sei, wie jeder andere, respektive wie man selber ist. Der Mann setzt diese Gleichheit von seiner Frau voraus, die Frau vom Manne, die Eltern von den Kindern, die Kinder von den Eltern usw. Es scheint, als ob jeder zu seinem Innern die unmittelbarste, intimste und kompetenteste Beziehung habe, und als ob seine Seele zugleich eine Allgemeinseele sei, die jedem anderen eignet, so daß man ohne Beschwernis den eigenen Tatbestand als eine Allgemeingültigkeit setzt. Man ist regelmäßig aufs tiefste erstaunt, betrübt oder gar entsetzt, wenn diese Regel einmal offensichtlich nicht stimmt, das heißt wenn man entdeckt, daß der andere auch wirklich ein anderer *ist.* Seelische Verschiedenheiten werden in der Regel nicht bloß als Kuriositäten oder gar als besonders reizvoll empfunden, sondern vielmehr als peinlich, schwer ertragbar oder sogar als unerträglich, unrichtig und verwerflich. Das offensichtliche Anderssein wirkt wie eine Störung der Weltordnung, wie ein Irrtum, der schleunigst beseitigt werden muß, oder gar wie eine Verfehlung, welche man zu ahnden sich verpflichtet fühlt. *Ges. Werke X, S. 157/158*

Das einzelne Bewußtsein ist vom bedrohlichen Meer des Unbewußten umgeben. Es ist nur *scheinbar* sicher und verläßlich, in Wirklichkeit aber ist es eine zerbrechliche, auf schwankenden Grundlagen ruhende Sache. Es braucht unter Umständen bloß einen starken Affekt, um die Gleichgewichtslage des Bewußtseins aufs empfindlichste zu stören. Die Sprache deutet es an: Man »gerät außer sich« vor Wut, er »vergaß sich völlig«, man »kannte ihn nicht mehr«, er ist »wie vom Teufel geritten«, man möchte »aus der Haut fahren«, es gibt Dinge, die einen »verrückt machen«, man »weiß nicht mehr, was man tut« usw. Alle diese geläufigen Phrasen zeigen, wie leicht ein Affekt das Ichbewußtsein erschüttert. Solche Störungen durch Affekte sind beileibe nicht nur akut, sondern auch chronisch und können dauernde Veränderungen des Bewußtseins herbeiführen. Infolge seelischer Erschütterungen können ganze Seiten unseres Wesens wieder ins Unbewußte untertauchen und auf Jahre und Jahrzehnte hinaus von der Bildfläche des Bewußtseins verschwinden.

Ges. Werke X, S. 161 / 162

Wir wissen schlechterdings nicht, was uns in diesem fremdartigen Störungsfaktor, den wir wissenschaftlich als das *Unbewußte* oder das *Objektiv-Psychische* bezeichnen, entgegentritt. Man hat es mit einem Anschein von Berechtigung als Sexualinstinkt oder als Geltungstrieb gekennzeichnet. Damit reicht man aber an die eigentliche Bedeutung der Sache nicht heran. Denn was steckt hinter diesen Trieben, die doch gewiß nicht das Ende der Welt, sondern bloß eine Verstandesbeschränkung darstellen? Das Feld ist jeder Deutung freigegeben. Man kann das Unbewußte auch als eine Äußerung des Lebenstriebes überhaupt auffassen und die lebenschaffende und -erhaltende Kraft in Beziehung zu BERGSONS Begriff des »élan vital« oder sogar zu dem der »durée créatrice« setzen. Eine andere Parallele wäre der Schopenhauersche »Wille«. Ich kenne Leute, welche die fremde Macht in der eigenen Seele als etwas Göttliches empfinden; dies aus dem einfachen Grunde, weil sie auf diesem Wege zum Verständnis des religiösen Erlebnisses gekommen sind. *Ges. Werke X, S. 171*

Der Mensch hat doch fürwahr noch eine Seele und ist nicht nur politisches Mastvieh.

Ges. Werke X, S. 587

Das Wesen der Psyche reicht wohl in Dunkelheiten weit jenseits unserer Verstandeskategorien. Die Seele enthält so viele Rätsel wie die Welt mit ihren galaktischen Systemen, vor deren erhabenem Anblick nur ein phantasieloser Geist sein Ungenügen sich nicht zugestehen kann.

Ges. Werke VIII, S. 454

Wenn wir die Menschheitsgeschichte betrachten, so sehen wir nur die alleräußerste Oberfläche der Ereignisse, und diese verzerrt im trüben Spiegel der Tradition. Was aber *eigentlich* geschehen ist, das entzieht sich dem forschenden Blick des Historikers, denn das eigentliche geschichtliche Geschehen ist tief verborgen, von allen gelebt und von niemand beachtet. Es ist privatestes, subjektivstes seelisches Leben und Erleben.

Kriege, Dynastien, soziale Umwälzungen, Eroberungen, Religionen sind die alleroberflächlichsten Symptome einer geheimen seelischen Grundhaltung des Einzelnen, ihm selber unbewußt und darum von keinem Geschichtsschreiber überliefert; Religionsstifter sind vielleicht noch am aufschlußreichsten. Die großen Ereignisse der Weltgeschichte sind, im Grunde genommen, von tiefster Belanglosigkeit. Wesentlich ist in letzter Linie nur das subjektive Leben des Einzelnen. Dieses allein macht Geschichte, in ihm allein finden alle großen Wandlungen zuerst statt, und alle Zukunft und alle Weltgeschichte stammen als ungeheure Summation doch zuletzt aus diesen verborgenen Quellen der Einzelnen. Wir sind in unserem privatesten und subjektivsten Leben nicht nur die Erleider, sondern auch die Macher einer Zeit. Unsere Zeit – das sind wir! *Ges. Werke X, S. 172/173*

Zum mindesten die Hälfte unseres seelischen Lebens spielt sich auf jener Nachtseite ab, und ebensosehr wie das Bewußtsein in die Nacht hinüber spielt, ragt auch das Unbewußte in unser Tagleben. Niemand zweifelt an der Wichtigkeit des bewußten Erlebens, warum sollte man dann an der Bedeutung des unbewußten Geschehens zweifeln? *Ges. Werke XVI, S. 161*

Wie wenn alles Gute, alles Vernünftige, alles Lebenswerte und alles Schöne im Bewußtsein angesiedelt wäre! Hat uns der Weltkrieg mit seinen Greueln die Augen wirklich noch nicht weiter geöffnet, so daß wir immer noch nicht sehen können, daß unser Bewußtsein noch teuflischer und perverser ist als das Naturwesen des Unbewußten? *Ges. Werke XVI, S. 162*

Das Unbewußte ist kein dämonisches Ungeheuer, sondern ein moralisch, ästhetisch und intellektuell indifferentes Naturwesen, das nur dann wirklich gefährlich wird, wenn unsere bewußte Einstellung dazu hoffnungslos unrichtig ist. In dem Maße, wie wir verdrängen, steigt die Gefährlichkeit des Unbewußten. In dem Momente aber, wo der Patient beginnt, seine unbewußt gewesenen Inhalte zu assimilieren, vermindert sich auch die Gefährlichkeit des Unbewußten. Die Persönlichkeitsdissoziation, die ängstliche Trennung von Tag- und Nachtseite hört mit fortschreitender Assimilation auf. Was mein Kritiker fürchtet, nämlich die Überwältigung des Bewußtseins durch das Unbewußte, tritt eben gerade dann am ehesten ein, wenn das Unbewußte am Mitleben durch Verdrängung, durch falsche Deutung und Entwertung gehindert wird. *Ges. Werke XVI, S. 162*

Es ist heute, wie zu allen Zeiten, wichtig, daß der Mensch die Gefahr des Bösen, die in ihm lauert, nicht übersieht. Sie ist leider nur allzu wirklich, weshalb die Psychologie auf der Realität des Bösen bestehen und irgendeine Definition, welche das Böse als unbedeutend oder gar als nicht existierend auffassen will, abweisen muß. Die Psychologie ist eine Erfahrungswissenschaft, die es mit wirklichen Dingen zu tun hat.

Ges. Werke IX, 2, S. 63

Wenn die unbewußten Inhalte infolge ständiger Nichtbeachtung sich aufstauen, dann erzwingen sie sich schließlich einen Einfluß auf das Bewußtsein, und zwar einen *krankhaften*. *Ges. Werke X, S. 32*

Sie dürfen nicht vergessen, daß der Schatten das darstellt, was Sie am wenigsten wissen. Und wenn man seiner bewußt zu werden beginnt, reagiert man immer mit Ressentiments. Das gewünschte Futter für den Animus.

Alles, was Sie in der Analyse erfahren, sind Sie selber. *Briefe II, S. 111*

Weltgeschichte wird zum großen Teil auf Grund von Meinungen gemacht, deren Motive in sachlicher Hinsicht oft fragwürdig sind; mit anderen Worten: in der Geschichte spielt die Psyche eine ebenso mächtige wie unerkannte Rolle.

Briefe II, S. 311

Begegne ich jedoch einem intelligenten Menschen in einer offensichtlich verkehrten Situation, so neige ich zur Annahme, daß es irgendeinen Sinn hat. Vielleicht wartet eine Arbeit auf ihn. *Briefe II, S. 393*

II

Träume

Eine Botschaft des Göttlichen

Der Traum ist die kleine, verborgene Tür im Innern der Seele. *Ges. Werke X, S. 168*

Kein Wunder also, daß in allen älteren Kulturen der eindrucksvolle Traum als eine Botschaft der Götter galt. *Ges. Werke X, S. 168*

Der Traum ist ein Naturereignis.
Ges. Werke XI, S. 27

Der Traum beschäftigt sich tatsächlich auch mit Gesundheit und Krankheit, und da er, vermöge seiner unbewußten Herkunft, aus dem Schatze unterschwelliger Wahrnehmungen schöpft, so kann er gelegentlich sehr wissenswerte Dinge produzieren. *Ges. Werke VIII, S. 311*

Und wohin müssen wir unseren Patienten führen, um ihm wenigstens einen Schimmer einer Ahnung von etwas anderem, das seine ihm nur zu bekannte Allerwelts-Welt aufwiegen könnte, zu geben? Wir müssen ihn, auf weiten Umwegen bisweilen, an eine dunkle, lächerlich unansehnliche, ganz belanglose und ungültige Stelle seiner Seele führen, auf einem längst erledigten Weg zur längst erkannten Illusion, von der alle Welt weiß, daß sie »nichts ist als ...« Jene Stelle heißt der *Traum*, dieses flüchtig hinschwebende, groteske Gebilde der Nacht, und der Weg heißt: das *Verstehen der Träume*. *Ges. Werke X, S. 167/168*

Der Traum ist die kleine verborgene Türe im Innersten und Intimsten der Seele, welche sich in jene kosmische Urnacht öffnet, die Seele war, als es noch längst kein Ichbewußtsein gab, und welche Seele sein wird, weit über das hinaus, was ein Ichbewußtsein je wird erreichen können. Denn alles Ichbewußtsein ist vereinzelt, erkennt Einzelnes, indem es trennt und unterscheidet, und gesehen wird nur, was sich auf dieses Ich beziehen kann. Das Ichbewußtsein besteht aus lauter Einschränkungen, auch wenn es an die fernsten Sternnebel reicht. Alles Bewußtsein trennt; im Traume aber treten wir in den tieferen, allgemeineren, wahreren, ewigeren Menschen ein, der noch im Dämmer der anfänglichen Nacht steht, wo er noch das Ganze, und das Ganze in ihm war, in der unterschiedslosen, aller Ichhaftigkeit baren Natur.

Aus dieser allverbindenden Tiefe stammt der Traum, und sei er noch so kindisch, noch so grotesk, noch so unmoralisch. Er ist von einer blumenhaften Unbefangenheit und Wahrhaftigkeit, die unsere autobiographische Lügenhaftigkeit erröten macht. Kein Wunder daher, daß in allen älteren Kulturen der eindrucksvolle Traum als eine Botschaft der Götter galt! Es war unserem Rationalismus vorbehalten, den Traum aus »Tagesresten«, das heißt aus Brocken zu erklären, welche von der reichbesetzten Tafel unseres Bewußtseins in die Unterwelt hinunterfielen. Wie wenn diese dunkle Tiefe nichts anderes wäre als ein leerer Sack, in dem nie mehr ist, als von oben hineingefallen ist. Warum vergißt man stets, daß es nichts Gewaltiges und Schönes im weiten Bereich menschlicher Kultur gibt, das nicht ursprünglich dem glücklichen Einfall entstammt? Was würde aus der Menschheit, wenn niemand mehr Einfälle hätte? Weit eher wahrlich ist das Bewußtsein jener Sack, in dem nie mehr drin ist, als was ihm »eingefallen« ist. Wir ermessen nie mehr, wie sehr wir von Einfällen abhängen, als wenn uns peinlicherweise nichts einfallen will. Der Traum ist nichts anderes als ein Einfall jener allverbindenden, dunklen Seele. Was wäre darum natürlicher, wenn wir uns in die endlosen Einzelheiten und Vereinzelungen der Weltoberfläche verirrt haben, als daß wir beim Traume anklopften, um bei ihm jene Gesichtspunkte zu erfragen, welche uns den Grundtatsachen des Menschseins wieder näher rücken könnten?

Aber da stoßen wir an die hartnäckigsten Vorurteile: »Träume sind Schäume«, keine Realitäten, sie lügen, es sind bloße Wunscherfüllungen; lauter Ausflüchte, um den Traum nicht ernst nehmen zu müssen, denn das wäre unbequem. Die geistige Hybris des Bewußtseins liebt eben die Vereinzelung trotz aller Unzuträglichkeiten, darum ist man abgeneigt, der Wahrheit des Traumes Wirklichkeit zuzugestehen. Es gibt Heilige, die sehr wüste Träume haben. Wie stünde es mit ihrer Heiligkeit, die sie so weit über den Menschenpöbel emporhebt, wenn die Obszönität des Traumes eine wahre Wirklichkeit wäre? Aber eben gerade die unangenehmsten Träume könnten uns am meisten der blutsverwandten Menschheit annähern und aufs wirksamste den Hochmut der Instinktlosigkeit dämpfen. Wenn auch eine ganze Welt aus den Fugen geht, so kann doch jene Allverbundenheit der dunkeln Seele nie in Stücke brechen. Und je weiter und zahlreicher die Spaltungen der Oberfläche werden, desto mehr wächst in der Tiefe die Kraft des Einen.

Allerdings ist niemand, der es nicht erfahren hat, davon überzeugt, daß es außerhalb des Bewußtseins noch irgendeine selbständige seelische Tätigkeit im Menschen geben könnte, ganz besonders nicht eine Tätigkeit, welche nicht nur in mir, sondern zugleich in allen stattfindet.

Ges. Werke X, S. 168/169

Ich gebe gerne zu, daß ich die Enttäuschung meines Patienten oder meines Publikums ob des paradoxen Hinweises auf den Traum als eine Informationsquelle in der Konfusion der modernen Geisteslage ohne weiteres begreife. Nichts ist natürlicher, als daß man einen solchen Hinweis zunächst als völlig lächerlich empfindet. Was sollte der Traum, dieses Subjektivste und Nichtigste in einer Welt, die von überwältigenden Realitäten nur so überfließt? Gegen Wirklichkeiten müssen doch ebenso handgreifliche andere Wirklichkeiten gesetzt werden, und nicht subjektive Träume, welche nichts bewirken als etwa schlechten Schlaf oder üble Launen. Gewiß, mit Träumen baut man keine Häuser, zahlt keine

Steuern, gewinnt keine Schlacht und behebt die Weltkrise nicht. *Ges. Werke X, S. 171*

Gibt es überhaupt – so wird man sich fragen – eine zuverlässige Methode der Traumdeutung? Man kann sich doch nicht irgendwelchen Spekulationen anvertrauen? Ich teile diese Bedenken in vollem Maße, und ich bin sogar überzeugt, daß es keine absolut zuverlässige Methode der Deutung gibt. Absolute Zuverlässigkeit in der Deutung von Naturgegebenheiten gibt es überhaupt nur innerhalb der engsten Grenzen, wo nämlich nie mehr dabei heraus kommt, als man hineingesteckt hat. Unsere gesamte Naturerklärung ist ein Wagnis. Methoden entstehen erst lange nachdem die Pionierarbeit geleistet ist.

Ges. Werke X, S. 174

Man tut am besten, einen Traum so zu behandeln wie einen gänzlich unbekannten Gegenstand: man besieht ihn von allen Seiten, man nimmt ihn in die Hand, trägt ihn mit sich herum, hat allerhand Phantasien über ihn und spricht von ihm zu andern Leuten. Primitive erzählen darum immer ihre eindrucksvollen Träume, womöglich in öffentlicher Versammlung; welcher Brauch auch noch im späten Altertum beglaubigt ist, denn alle alten Völker maßen dem Traum hohe Bedeutung bei. Bei dieser Behandlung fällt einem dann allerhand zum Traum ein, was bereits in die Nähe des Traumsinnes führt. Die Feststellung des Sinnes ist natürlich – wenn man so sagen darf – eine durchaus willkürliche Angelegenheit, denn hier, bei der Ausdeutung, beginnt das Wagnis. Je nach Erfahrung, Temperament und Geschmack wird man dem Sinne engere oder weitere Grenzen setzen. Manche werden sich mit wenigem begnügen, anderen ist viel noch nicht genug. Auch wird der Sinn, das heißt die Auslegung des Traumes, in hohem Maße abhängen von der Absicht des Deutenden oder von seiner Erwartung oder seinem Anspruch an Sinn. Die herausgefundene *Be-Deutung* – man achte auf dieses Wort – wird sich unwillkürlich nach gewissen Voraussetzungen richten, und es wird viel von der Gewissenhaftigkeit und Ehrlichkeit des Suchenden abhängen, ob er durch die Auslegung des Traumes etwas gewinnt oder vielleicht nur noch tiefer in seine Irrtümer verstrickt wird. Was die Voraussetzungen anbetrifft, so dürfen wir wohl mit Sicherheit annehmen, daß der Traum keine müßige Erfindung des Bewußtseins, sondern eine natürliche, unbeabsichtigte Erscheinung ist, selbst wenn es sich bewahrheiten sollte, daß Träume durch das Bewußtwerden irgendwie umgestaltet werden. Diese Umgestaltung geschieht auf alle Fälle so rasch und so automatisch, daß sie kaum wahrnehmbar ist. Also dürfen wir sie ruhig noch zur natürlichen Traumfunktion nehmen. Mit ebensolcher Sicherheit dürfen wir annehmen, daß Träume vor allem unserem unbewußten Wesen entstammen und infolgedessen zum mindesten dessen Symptome sind, die einen Rückschluß auf die Beschaffenheit dieses Wesens erlauben. Wenn wir daher unser Wesen erforschen wollen, so sind eben die Träume das geeignete Mittel.

Ges. Werke X, S. 174/175

Die Kunst des Träume-deuten-Könnens kann man nicht aus Büchern lernen. Methoden und Regeln sind nur gut, wenn man auch ohne sie gehen kann. Wirkliches Können hat nur der, der's kann, und wirkliches Verständnis nur der Verständige. Niemand, der sich selbst nicht kennt, kann den anderen kennen. Und in jedem von uns ist auch ein anderer, den wir nicht kennen. Er spricht zu uns durch den Traum und teilt uns mit, wie anders *er* uns sieht, als *wir* uns sehen. Wenn wir uns daher in einer unlösbar schwierigen Lage befinden, so kann der fremde andere uns unter Umständen ein Licht aufstekken, welches wie nichts anderes geeignet ist, unsere Einstellung von Grund auf zu verändern, nämlich eben jene Einstellung, die uns in die schwierige Lage hineingeführt hat.

Je mehr ich mich im Laufe der Jahre in diese Probleme vertieft habe, desto mehr wurde in mir der Eindruck verstärkt, wie krankhaft einseitig unsere moderne Menschenerziehung ist. Gewiß ist es richtig, wenn wir der Jugend Augen und Ohren für die Weite der Welt öffnen, aber daß wir meinen, die jungen Leute seien damit fürs Leben wirklich erzogen, ist ein unerhörter Wahn. Diese Erzogenheit reicht gerade so weit, um jungen Menschen eine äußere Anpassung an die Weltwirklichkeit zu ermöglichen; aber an die Anpassung an das Selbst, an die Mächte der Seele, die doch alles, was es an Großmächten in der Welt gibt, um ein Vielfaches übersteigen, denkt kein Mensch. *Ges. Werke X, S. 174/175*

Ein Mann in führender Stellung konsultiert mich. Er leidet an Ängstlichkeit, Unsicherheit, Schwindel, gelegentlich bis zum Erbrechen, Benommenheit des Kopfes, Atembeklemmung; ein Zustand, welcher der Bergkrankheit zum Verwechseln ähnlich sieht. Der Patient hat eine außerordentlich erfolgreiche Karriere hinter sich. Er begann sein Leben als strebsamer Sohn eines armen Bauern und stieg durch großen Fleiß und gute Begabung von Stufe zu Stufe bis zu einer führenden Stellung, welche für einen noch weiteren sozialen Aufstieg ungemein aussichtsreich war. In der Tat hatte er nunmehr das eigentliche Sprungbrett erreicht, von dem er den Flug ins Weite hätte antreten können, wenn nicht plötzlich seine Neurose dazwischengetreten wäre. Der Patient konnte nicht umhin, an dieser Stelle jene nur allzu bekannte Phrase auszusprechen, welche mit den stereotypen Worten beginnt: »Und gerade jetzt, da ...« usw. Die Symptomatologie der Bergkrankheit scheint besonders geeignet zu sein, die eigentümliche Situation des Patienten drastisch darzustellen. Der Patient hatte auch gleich zwei Träume der letzten Nacht zur Konsultation mitgebracht. Der erste Traum lautet: »*Ich bin wieder in dem kleinen Dorf, wo ich geboren wurde. Auf der Straße stehen einige Bauernjungen zusammen, die mit mir zur Schule gegangen sind. Ich tue so, als ob ich sie nicht kenne, und gehe an ihnen vorüber. Da höre ich, wie einer von ihnen sagt, auf mich deutend: ›Der kommt auch nicht oft in unser Dorf zurück.‹«*

Es bedarf keiner Deutungsakrobatik, um in diesem Traum den Hinweis auf den bescheidenen Ausgangspunkt seiner Karriere zu erkennen und zu verstehen, was diese Andeutung besagen will. Sie meint offenbar: »Du vergissest, wie tief unten du begonnen hast.«

Der zweite Traum lautet: *»Ich bin in größter Hast, da ich verreisen will. Ich suche noch mein Gepäck zusammen, finde nichts. Die Zeit eilt, der Zug wird bald abfahren. Endlich gelingt es mir, meine Siebensachen zusammenzukriegen, ich eile auf die Straße, entdecke, daß ich eine Mappe mit wichtigen Schriftstücken vergessen habe, eile atemlos zurück, finde sie endlich, renne dann zum Bahnhof, komme aber kaum vorwärts. Endlich, mit letzter Anstrengung, stürze ich auf den Bahnsteig, um zu sehen, wie der Zug eben aus der Halle hinausfährt. Er fährt in einer merkwürdigen S-förmigen Kurve, ist sehr lang, und ich denke, wenn der Lokomotivführer nun nicht aufpaßt und Volldampf gibt, sobald er die gerade*

Strecke erreicht, dann sind die hinteren Wagen des Zuges noch in der Kurve und werden durch die Beschleunigung aus dem Geleise geworfen. Tatsächlich gibt der Lokomotivführer Volldampf, ich versuche zu schreien, die hinteren Wagen schwanken entsetzlich und werden nun wirklich aus dem Geleise geworfen. Es ist eine furchtbare Katastrophe. Ich erwache mit Angst.«

Auch hier kostet es keine Mühe, die Darstellung des Traumes zu verstehen. Der Traum schildert zunächst die vergebliche nervöse Hast, doch noch weiter zu kommen. Da der Lokomotivführer vorne aber doch rücksichtslos vorwärts fährt, entsteht hinten die Neurose: das Schwanken und die Entgleisung.

Der Patient hat offenbar im gegenwärtigen Abschnitt seines Lebens seinen Höhepunkt erreicht; niedere Herkunft und die Mühe des langen Aufstiegs haben seine Kräfte erschöpft. Er sollte sich mit dem Erreichten begnügen, statt dessen treibt ihn sein Ehrgeiz weiter, höher hinauf in eine für ihn zu dünne Luft, an die er nicht angepaßt ist. Deshalb erreicht ihn die warnende Neurose.

Aus äußeren Gründen konnte ich den Patienten nicht weiter behandeln, und meine Auffassung behagte ihm auch nicht. Infolgedessen nahm das in diesem Traum skizzierte Schicksal seinen Lauf. Er versuchte ehrgeizig, seine Chancen auszunützen, und entgleiste bei dieser Gelegenheit beruflich so völlig, daß die Katastrophe zur Wirklichkeit wurde. *Ges. Werke XVI, S. 150/151*

Daß Träume bloß verdrängte Wunscherfüllungen sind, ist ein längst überholter Standpunkt. Gewiß gibt es auch Träume, die erfüllte Wünsche oder Befürchtungen manifest darstellen. Aber was gibt es nicht alles sonst noch? Träume können unerbittliche Wahrheiten, philosophische Sentenzen, Illusionen, wilde Phantasien, Erinnerungen, Pläne, Antizipationen, ja sogar telepathische Visionen, irrationale Erlebnisse und Gott weiß was sonst noch sein. Wir dürfen nämlich eines nicht vergessen: Fast die Hälfte unseres Lebens spielt sich in einem mehr oder weniger unbewußten Zustand ab. Die spezifische Bewußtseinsäußerung des Unbewußten ist das Träumen. Wie die Seele eine Tagesseite, das Bewußtsein, hat, so hat sie auch eine Nachtseite, das unbewußte psychische Funktionieren, das man als traumhaftes Phantasieren auffassen könnte. Wie es nun auch im Bewußtsein nicht nur Wünsche und Befürchtungen, sondern noch unendlich viele andere Dinge gibt, so besteht auch die allergrößte Wahrscheinlichkeit dafür, daß unsere Traumseele über einen ähnlichen, vielleicht sogar noch viel größeren Reichtum an Inhalts- und Lebensmöglichkeiten verfügt als das Bewußtsein, dessen essentielle Natur Konzentration, Einschränkung und Ausschließlichkeit ist. *Ges. Werke XVI, S. 157*

Jede Deutung ist eine Hypothese, ein bloßer Versuch der Lesung eines unbekannten Textes. Selten ist ein isolierter undurchsichtiger Traum auch nur mit annähernder Sicherheit zu deuten. Deshalb messe ich auch der Deutung eines einzelnen Traumes wenig Gewicht bei. Eine relative Sicherheit erreicht die Deutung erst in der *Traumserie*, wobei die nachfolgenden Träume die Irrtümer in der Deutung der vorausgehenden berichtigen. Auch lassen sich in der Traumserie die grundliegenden Inhalte und Motive viel besser erkennen. Ich halte darum meine Patienten an, über ihre Träume und die Deutungen sorgfältig Buch zu führen. Auch leite ich sie an, ihre

Träume in der angedeuteten Weise vorzubereiten, so daß sie ihren Traum mit dem Kontextmaterial aufgeschrieben schon zur Stunde bringen. In späteren Stadien lasse ich sie auch die Deutungen ausarbeiten. Auf diese Weise lernt es der Patient, auch ohne den Arzt mit seinem Unbewußten richtig zu verfahren.

Ges. Werke XVI, S. 159/160

Deshalb ist jeder Traum Informations- und Kontrollorgan und darum das wirksamste Hilfsmittel beim Aufbau der Persönlichkeit.

Ges. Werke XVI, S. 163

Welche bewußte Einstellung wird durch den Traum kompensiert? Damit setze ich, wie ersichtlich, den Traum in engste Beziehung zur Bewußtseinslage; ja ich muß sogar behaupten, daß ein Traum ohne Kenntnis der bewußten Situation überhaupt nie, auch nur mit annähernder Sicherheit, gedeutet werden kann. Nur aus der Kenntnis der Bewußtseinslage heraus ist es möglich, auszumachen, welches Vorzeichen den unbewußten Inhalten zu geben ist. Der Traum ist ja kein isoliertes, vom Tagleben und dessen Charakter völlig abgeschnittenes Ereignis. Erscheint er uns so, so ist das nichts als unser Nichtverstehen, eine subjektive Illusion. In Wirklichkeit besteht zwischen dem Bewußtsein und dem Traum strengste Kausalität und ein aufs feinste abgewogenes Beziehungsverhältnis.

Ges. Werke XVI, S. 164

Weil der Traum eine ungemein häufige und normale Äußerung der unbewußten Psyche ist, liefert er das meiste Erfahrungsmaterial zur Erforschung des Unbewußten.

Da nun der Sinn der meisten Träume nicht mit den Tendenzen des Bewußtseins zusammenfällt, sondern eigentümliche Abweichungen aufweist, müssen wir annehmen, daß das Unbewußte, die Matrix der Träume, eine selbständige Funktion hat. Ich bezeichne dies als *Autonomie des Unbewußten*. Der Traum gehorcht nicht nur nicht unserem Willen, sondern stellt sich sogar recht häufig in grellen Gegensatz zu den Absichten des Bewußtseins. *Ges. Werke VIII, S. 317*

Nicht alle Träume sind von gleicher Wichtigkeit. Schon die Primitiven unterscheiden »kleine« und »große« Träume. Wir würden etwa sagen »unbedeutende« und »bedeutende« Träume. Genauer besehen sind die »kleinen« Träume die allnächtlichen Phantasiefragmente, die der subjektiven und persönlichen Sphäre entstammen und sich hinsichtlich ihrer Bedeutung in der Alltäglichkeit erschöpfen. Deshalb werden solche Träume auch leicht vergessen, weil eben ihre Gültigkeit nicht weiter reicht als die täglichen Schwankungen des seelischen Gleichgewichtes. Bedeutungsvolle Träume dagegen werden oft ein Leben lang im Gedächtnis bewahrt, und nicht selten bilden sie das Kernstück in der Schatzkammer seelischer Erlebnisse.

Ges. Werke VIII, S. 320

Wir sprechen daher einerseits von einem *persönlichen*, andererseits von einem *kollektiven* Unbewußten, das gleichsam eine tiefere Schicht als das bewußtseinsnähere persönliche Unbewußte darstellt. Die »großen« beziehungsweise bedeutungsvollen Träume entstammen dieser tieferen Schicht. Ihre Bedeutsamkeit verrät sich, abgesehen vom subjektiven Eindruck, schon durch ihre plastische Gestaltung, die nicht selten dichterische Kraft und Schönheit zeigt. Solche Träume ereignen sich meist in schicksalentscheidenden

Abschnitten des Lebens, so in der ersten Jugend, in der Pubertätszeit, um die Lebensmitte (sechsunddreißigstes bis vierzigstes Jahr) und in conspectu mortis. *Ges. Werke VIII, S. 321*

Je voraussetzungsloser man den Traum, und was der Träumer darüber zu sagen weiß, auf sich einwirken läßt, desto leichter wird man zum Sinn des Traumes gelangen. *Ges. Werke XVII, S. 121*

Träume sind keine beabsichtigten und willkürlichen Erfindungen, sondern natürliche Phänomene, die nichts anderes sind, als was sie eben darstellen. Sie täuschen nicht, sie lügen nicht, sie verdrehen und vertuschen nicht, sondern verkünden naiv das, was sie sind und meinen. Sie sind nur darum ärgerlich und irreführend, weil wir sie nicht verstehen. Sie wenden keine Kunststücke an, um etwas zu verbergen, sondern sagen das, was ihren Inhalt bildet, in ihrer Art so deutlich wie möglich. Wir vermögen auch zu erkennen, warum sie so eigentümlich und schwierig sind: die Erfahrung zeigt nämlich, daß sie stets etwas auszudrücken bemüht sind, was das

Ich nicht weiß und nicht versteht. Ihr Unvermögen, noch deutlicher zu sein, entspricht der Unfähigkeit des Bewußtseins, den fraglichen Punkt zu verstehen oder verstehen zu wollen.

Ges. Werke XVII, S. 121

Träume sind weder bloße Reproduktionen von Ereignissen noch Abstraktionen von Erlebnissen. Sie sind die unverfälschten Manifestationen der unbewußten schöpferischen Tätigkeit.

Ges. Werke XVII, S. 118

Die Bedeutung und der Inhalt der Träume steht, wie die Erfahrung zeigt, stets in naher Beziehung zur jeweiligen Bewußtseinslage. Träume, die sich wiederholen, entsprechen sich ebenso wiederholenden Bewußtseinslagen.

Ges. Werke XVII, S. 119

Es ist fast unmöglich, beziehungsweise nicht empfehlenswert, Träume zu deuten, ohne den Träumer persönlich zu kennen.

Ges. Werke XVII, S. 119

Man sagt darum im Deutschen wie im Englischen und Französischen »es ist mir eine gute Idee gekommen«, und das ist auch richtig, indem nicht das Subjekt, sondern der Einfall aktiv war; er ist dem Subjekt buchstäblich durchs Dach hereingefallen. *Ges. Werke XVII, S. 107*

III

Gewissen

Die Stimme des Gewissens ist Gottes Stimme

Aber tief unter der Oberfläche eines Durchschnittsgewissens sagt uns eine leise Stimme: »Es stimmt etwas nicht«. *Ges. Werke XVII, S. 51*

Das Gewissen – gleichgültig wie es begründet wird – stellt die Forderung an den Einzelnen, seiner inneren Stimme Gefolgschaft zu leisten, auf die Gefahr hin, sich zu irren. *Ges. Werke X, S. 484*

Man mag über das Ethos denken, wie man will, es ist und bleibt ein innerer Wert, dessen Verletzung kein Spaß ist, sondern unter Umständen bedenkliche psychische Folgen hat. Diese sind allerdings nur relativ wenigen bekannt, denn es sind nur wenige, welche sich objektiv Rechenschaft über seelische Zusammenhänge geben.

Ges. Werke X, S. 484

Die Seele aber gehört zu jenen Dingen, über die man am wenigsten Bescheid weiß, denn niemand liebt es, sich nach seinem eigenen Schatten zu erkundigen. Ja sogar die Psychologie selber muß dazu herhalten, sich die wahren Kausalzusammenhänge zu verheimlichen. Je »wissenschaftlicher« sie sich gebärdet, desto willkommener ist nämlich ihre sogenannte Objektivität, denn diese stellt ein treffliches Mittel dar, sich der lästigen Gefühlskomponenten des Gewissens zu entledigen, wo doch gerade diese die eigentliche Dynamik der moralischen Reaktion darstellen. Ohne die emotionale Dynamik verliert das Gewissensphänomen allen Sinn, was aber eben der unbewußte Zweck der sogenannten »wissenschaftlichen« Betrachtung ist.

Das Gewissen ist an sich ein autonomer psychischer Faktor. *Ges. Werke X, S. 484*

Das Gewissen bedeutet eine Forderung, die sich gegenüber dem Subjekt entweder überhaupt durchsetzt oder ihm wenigstens erhebliche Schwierigkeiten bereitet. Damit ist selbstverständlich nicht abgestritten, daß es Fälle von Gewissenlosigkeit gibt. Daß das Gewissen an sich nur etwas Angelerntes sei, kann nur derjenige behaupten, der sich einbildet, schon in der Prähistorie zugegen gewesen zu sein, als die ersten moralischen Reaktionen zustande kamen. Das Gewissen ist ja bei weitem nicht der einzige Fall, wo sich ein innerer Faktor autonom dem Willen des Subjektes entgegenstellt. Das tut ja jeder Komplex, von dem niemand in gesunden Sinnen behaupten kann, er sei angelernt, und niemand hätte einen »Komplex«, wenn er ihm nicht eingetrichtert worden wäre. Selbst domestizierte Tiere, denen man fälschlicherweise kein Gewissen zutraut, haben Komplexe und moralische Reaktionen. *Ges. Werke X, S. 485*

Nur Unbewußte und Kritiklose können sich einbilden, in einem dauernden Zustande des moralischen Gutseins zu verharren. Weil die meisten der Selbstkritik ermangeln, so bildet andauernde Selbsttäuschung die Regel. Ein entwickelteres Bewußtsein bringt den latenten moralischen Konflikt an den Tag oder verschärft die schon bewußten Gegensätze. Grund genug, Selbsterkenntnis und Psychologie überhaupt zu scheuen und die Seele mit Geringschätzung zu behandeln!

Es gibt kaum ein anderes psychisches Phänomen, das die Polarität der Seele deutlicher ins Licht stellt als das Gewissen. Seine unzweifelhafte Dynamik kann man, wenn man überhaupt etwas davon verstehen will, nicht anders als energetisch auffassen, das heißt als ein auf Gegensätzen beruhendes Potential. Das Gewissen bringt die stets und notwendigerweise vorhandenen Gegensätze zur bewußten Wahrnehmung. Es wäre der größte Irrtum, anzunehmen, daß man sich dieser Gegensätzlichkeit je entledigen könnte, denn sie ist ein unerläßliches Strukturelement der Psyche. *Ges. Werke X, S. 486*

Denn mein oberster Grundsatz lautet nur: folge jenem Willen und jenem Weg, der sich durch Erfahrung als Dein eigener erweist, d. h. echter Ausdruck Deiner Individualität ist. *Briefe III, S. 340*

Bei unseren vermeintlich besten Taten steht ja auch immer der Teufel hinter uns, der uns väterlich auf die Schulter klopft und flüstert: »Das hast du großartig gemacht!« *Ges. Werke X, S. 483*

Es ist psychologisch wahr, daß die Meinung besteht, die Stimme des Gewissens sei Gottes Stimme. *Ges. Werke X, S. 483*

Ein Gutes ist leider nicht ewig gut, denn sonst gäbe es nichts Besseres. Soll das Bessere kommen, so muß das Gute weichen. Deshalb sagte ja der MEISTER ECKHART: »Gott ist nicht gut, denn sonst könnte er besser sein«. *Ges. Werke XVII, S. 210*

Die Problematik der inneren Stimme ist voll heimlicher Fanggruben und Fußangeln. Gefährlichstes, schlüpfrigstes Gebiet, genau so gefährlich und abwegig wie das Leben selber, wenn es auf Geländer verzichtet. Wer aber sein Leben nicht verlieren kann, wird es auch nicht gewinnen. *Ges. Werke XVII, S. 210*

Der Begriff und die Erscheinung des Gewissens enthalten also, wenn aus psychologischer Sicht betrachtet, zwei verschiedene Tatbestände: einerseits die Erinnerung an und die Ermahnung durch die Sitte und andererseits die Pflichtenkollision und ihre Lösung durch die Schöpfung eines dritten Standpunktes. Jener ist der moralische und dieser der ethische Aspekt des Gewissensaktes. *Ges. Werke X, S. 495*

Eines der größten Hindernisse unserer seelischen Entwicklung ist, wie mir scheint, das Überhören der inneren Stimme zugunsten eines kollektiven, konventionellen Ideals, das uns unempfindlich macht gegen die Schäden am eigenen Haus und uns das Recht verleiht, dem Nachbarn gute Ratschläge zu erteilen. Wenn man an einer sogenannten großen Sache mittut, so kann man es sich leicht schenken, etwas an seiner – ach so kleinen und unbedeutenden Seele ausbessern zu müssen. *Briefe II, S. 301*

Der entscheidende Faktor des Gewissens ist hier ein anderer, wie es scheint: Er geht nicht aus dem traditionellen Sittenkodex hervor, sondern aus der unbewußten Grundlage der Persönlichkeit oder Individualität. Der Entschluß wird aus den dunklen Wassern der Tiefe geschöpft. Gewiß werden solche Pflichtenkollisionen sehr häufig und bequemerweise durch eine sittengemäße Entscheidung, das heißt durch Unterdrückung des Gegensatzes, gelöst, aber nicht immer. Wenn nämlich genügend Gewissenhaftigkeit vorhanden ist, so wird der Konflikt ausgetragen, und es entsteht eine schöpferische Lösung, die durch den konstellierten Archetypus herbeigeführt wird und jene zwingende Autorität besitzt, welche nicht zu Unrecht als »vox Dei« charakterisiert wird. Die Art der Lösung entspricht den tiefsten Grundlagen der Persönlichkeit sowohl wie deren Ganzheit, die Bewußtes und Unbewußtes umfaßt und sich darum dem Ich als überlegen erweist. *Ges. Werke X, S. 494*

IV

Religion

Gott ist eine allgemeine Erfahrung

Gott ist eine unmittelbare und sehr ursprüngliche Erfahrung, etwas, das aus unserem geistigen Leben auf allernatürlichste Weise entsteht, so wie Vögel singen, wie der Wind pfeift, wie der Donner der Brandung. Wenn Sie Ihren Glauben in sich finden, sind Sie eben natürlich, und wir wissen, daß Ihr Verstand gut funktioniert.

Briefe II, S. 508

Gott ist keine *statistische* Wahrheit, deshalb ist es ebenso dumm, Gott beweisen wie ihn leugnen zu wollen. Wenn jemand sich glücklich fühlt, so braucht es dazu weder eines Beweises noch eines Gegenbeweises. *Briefe II, S. 208*

Gott ist eine allgemeine Erfahrung, die nur von einem blöden Rationalismus und einer entsprechenden Theologie verdunkelt wird.

Briefe II, S. 208

Was die Menschheit seit unvordenklicher Zeit »Gott« nennt, erfahren Sie jeden Tag. Sie geben ihm nur einen anderen sog. »vernünftigen« Namen, z. B. nennen Sie ihn »Affekt«. Er ist seit jeher das seelisch Stärkere, das Ihre bewußte Absicht aus dem Geleise zu werfen imstande ist, sie fatal durchkreuzt und gelegentlich auseinanderreißt. Es gibt darum nicht wenige, die Angst vor »sich selber« haben. Gott heißt in diesem Fall »Ich selber«, usw. *Umwelt und Gott sind die beiden primitiven Erfahrungen* und die eine so groß wie die andere, und beide haben tausend Namen, die allesamt an den Tatsachen nichts ändern. Unbekannt sind die Wurzeln beider. Die Seele spiegelt beide. Sie ist wohl der Punkt, in welchem das eine das andere berührt. Warum fragen Sie überhaupt nach Gott? Der Gott wühlt in Ihnen und veranlaßt Sie zu den sonderbarsten Spekulationen.

Briefe II, S. 208

Unter allen meinen Patienten jenseits der Lebensmitte, das heißt jenseits 35, ist nicht ein Einziger, dessen endgültiges Problem nicht das der religiösen Einstellung wäre. Ja, jeder krankt in letzter Linie daran, daß er das verloren hat, was lebendige Religionen ihren Gläubigen zu allen Zeiten gegeben haben, und keiner ist wirklich geheilt, der seine religiöse Einstellung nicht wieder erreicht, was mit Konfession oder Zugehörigkeit zu einer Kirche natürlich nichts zu tun hat.

Ges. Werke XI, S. 362

Das Problem der Heilung ist ein religiöses Problem. Auf der Ebene der sozialen oder der Völkerbeziehung ist der leidende Zustand zum Beispiel Bürgerkrieg. Durch die christliche Tugend der Feindesliebe und der Vergebung heilen wir diesen leidenden Zustand. Was wir aus christlicher Überzeugung außen empfehlen, das müssen wir in der Neurosentherapie auch innerlich anwenden. Darum wollen moderne Menschen nichts mehr von Schuld und Sünde hören. Sie haben an ihrem eigenen bösen Gewissen genug und wollen vielmehr wissen, wie man sich mit seinen eigenen Tatsachen *aussöhnen*, wie man den Feind im eigenen Herzen lieben und zum Wolfe Bruder sagen kann. *Ges. Werke XI, S. 369*

Ob Energie Gott ist oder Gott Energie, kümmert mich wenig, denn das kann ich ja ohnehin nicht wissen. *Ges. Werke VIII, S. 385*

In Wirklichkeit hat unsere Gesellschaft noch nicht einmal angefangen, dem Schatten ins Angesicht zu sehen oder jene christlichen Tugenden zu entwickeln, die den Mächten des Dunkeln gegenüber so bitter nötig wären. Unsere Gesellschaft kann es sich nicht leisten, von der imitatio Christi zu lassen, selbst wenn sie darum wüßte, daß der *Konflikt mit dem Schatten, d. h. Christus versus Satan, nur der erste Schritt auf dem Wweg zum fernen Ziel der Einheit des Selbst in Gott ist.*

Briefe II, S. 354

Das Selbst ist eine lebendige Person und immer schon da. Es ist die Erkenntnis, in der die hinduistische Philosophie (welche der westlichen Theologie entspricht), der Buddhismus, der Taoismus eine gewisse mystische Richtung des Islam und das Christentum übereinstimmen.

Briefe II, S. 300

Ich weiß, daß dem Pfarrer die Predigt ein dringliches Anliegen ist, mit dem er irgendwie fertig werden muß. Aber seine Seele ist eine vielleicht noch dringlichere Aufgabe. *Briefe II, S. 300*

Die Kirche predigte den jungen Menschen den blinden Glauben, die Universität aber einen rationalistischen Intellektualismus, mit dem Resultat, daß heute das Argument des Glaubens sowohl wie das der Vernunft seine Überzeugungskraft verloren hat. Der Moderne, des Streites der Meinungen müde, will daher erkunden, was *eigentlich* an den Dingen ist. Und diese Tendenz, die zwar gefährlichsten Möglichkeiten Tür und Tor öffnet, ist ein mutiges Wagnis, dem man die Sympathie nicht ganz versagen kann. Dieses Wagnis ist kein mutwilliges Abenteuer, sondern ein aus tiefster seelischer Not geborener Versuch, auf Grund einer unpräjudizierten Urerfahrung die Einheit von Leben und Sinn wieder zu entdecken. *Ges. Werke XI, S. 371*

Vom psychologischen Standpunkt aus gesehen, ist die Religion ein psychisches Phänomen, das irrationalerweise vorhanden ist, so gut wie die Tatsache unserer Physiologie oder Anatomie. Fehlt diese Funktion, so ist der Mensch als Individuum ohne Gleichgewicht, denn die religiöse Erfahrung ist ein Ausdruck für die Existenz und Funktion des Unbewußten. Es ist nicht wahr, daß wir einzig mit der ratio und dem Willen auskommen. Wir sind ganz im Gegenteil beständig unter dem Einfluß von störenden Mächten, die Vernunft und Willen durchkreuzen, d. h., sie sind stärker als letztere. Daher kommt es, daß höchst vernünftige Leute, und gerade diese, an Störungen leiden, denen sie weder mit Willen noch Vernunft beikommen können. Der Mensch hat nun von jeher das, was er als stärker empfindet oder erfährt, als er ist, als göttlich bzw. dämonisch bezeichnet. Gott ist das Stärkere in ihm. Diese psychologische Gottesdefinition hat nun allerdings nichts mit der christlich-dogmatischen zu tun, aber sie beschreibt die Erfahrung eines oft sehr unheimlichen Gegenüber, welches mit den geschichtlichen »Gotteserfahrungen« aufs eindrücklichste übereinstimmt. *Briefe II, S. 512*

Saulus verdankt seine Bekehrung weder der wahren Liebe noch dem wahren Glauben noch sonst irgend einer Wahrheit, einzig sein *Christenhaß* hat ihn auf den Weg nach Damaskus und damit zu jenem Erlebnis geführt, das für sein Leben entscheidend werden sollte. Er hat seinen schlimmsten Irrtum mit Überzeugung gelebt und das führte ihn zum Erlebnis.

Hier öffnet sich eine Problematik des Lebens, die man gar nicht ernst genug nehmen kann, und hier stellt sich dem Seelenarzt ein Problem, das ihn in nächste Berührung mit dem Seelsorger bringt.

Das Problem des seelisch Leidenden ginge eigentlich den Seelsorger in viel höherem Maße an als den Arzt. Aber der Kranke sucht wohl in den meisten Fällen zunächst den Arzt auf, weil er meint, er sei körperlich krank, und weil gewisse neurotische Symptome durch Medikamente wenigstens gelindert werden können. Auf der andern Seite fehlen dem Seelsorger in der Regel die Kenntnisse, die ihn befähigen würden, den seelischen Hintergrund der Krankheit zu durchschauen; auch besitzt er nicht die Autorität, den Kranken davon zu überzeugen, daß sein Leiden seelisch ist. *Ges. Werke XI, S. 360*

Die Tatsache, daß viele Theologen psychologische Stützung oder praktische Hilfe bei der FREUDschen Sexual- oder bei der ADLERschen Machttheorie suchen, mutet sonderbar an, denn beide Theorien sind, im Grunde genommen, geistfeindlich, weil es Psychologien ohne Seele sind. *Ges. Werke XI, S. 361*

Ich zitiere einen protestantischen Seelsorger, wenn ich sage: »Heutzutage gehen die Leute zum Seelenarzt, anstatt zum Seelsorger.«

Ges. Werke XI, S. 361

Insofern jedes Individuum sein ihm eingeborenes Lebensgesetz hat, hat jeder die theoretische Möglichkeit, diesem Gesetz vor allen zu folgen und damit zur Persönlichkeit zu werden, das heißt Ganzheit zu erlangen. *Ges. Werke XVII, S. 203*

Eines der glänzendsten Beispiele des Lebens und des Sinnes einer Persönlichkeit, das uns die Geschichte aufbewahrt hat, ist das Leben Christi.

Ges. Werke XVII, S. 204

Die Versuchungsgeschichte zeigt uns deutlich, mit was für einer psychischen Macht Jesus zusammengestoßen ist: es war der Machtteufel der zeitgenössischen Psychologie, der ihn in der Wüste in ernstliche Versuchung führte. Dieser Teufel war das Objektiv-Psychische, welches alle Völker des römischen Imperiums in seinem Bann hielt; darum auch versprach er Jesus alle Reiche der Erde, wie wenn er ihn zum Cäsar hätte machen wollen. Der innern Stimme, seiner

Bestimmung und Berufung folgend, hat Jesus sich dem Anfall des imperialistischen Wahnes, der alle erfüllte – Sieger und Besiegte – freiwillig ausgesetzt. Damit erkannte er die Natur des Objektiv-Psychischen, das alle Welt in einen leidensvollen Zustand versetzte und eine Erlösungssehnsucht zeitigte, die auch bei heidnischen Dichtern ihren Ausdruck fand. Diesen seelischen Anfall, den er bewußt auf sich wirken ließ, unterdrückte er nicht und ließ sich auch von ihm nicht unterdrücken, sondern er assimilierte ihn. Und so wurde aus dem welt-beherrschenden Cäsar ein geistiges Königtum und aus dem imperium Romanum ein universales, unweltliches Gottesreich. Wo das gesamte jüdische Volk als Messias einen ebenso imperialistischen als politisch tatkräftigen Helden erwartete, hat Christus die messianische Bestimmung weniger für seine Nation als für die römische Welt erfüllt und die Menschheit auf die alte Wahrheit hingewiesen, daß, wo Macht herrscht, keine Liebe ist, und wo Liebe herrscht, keine Macht gilt. Die Religion der Liebe war der genaue psychologische Gegenzug zur römischen Machtteufelei. *Ges. Werke XVII, S. 204/205*

Im AT war Gott wie ein rasendes Rhinozeros, aber im NT wandelte Er sich in den Gott der Liebe, bezwungen von der Liebe einer reinen Jungfrau, in deren Schoß Er endlich Ruhe fand. Das ist wenigstens eine Art Antwort. Es ist sogar eine tiefe Antwort, denn sie zeigt die Bedeutung des Menschen im göttlichen Drama der Inkarnation. *Briefe II, S. 474*

Ich habe nämlich die Beobachtung gemacht, daß ein zielgerichtetes Leben im allgemeinen eine besseres, reicheres, gesünderes ist als ein zielloses, und daß es besser ist, mit der Zeit vorwärts als gegen die Zeit rückwärts zu gehen.

Ges. Werke VIII, S. 441

Ich bin als Arzt überzeugt, daß es sozusagen hygienischer ist, im Tode ein Ziel zu erblicken, nach dem gestrebt werden sollte, und daß das Sträuben dagegen etwas Ungesundes und Abnormes ist, denn es beraubt die zweite Lebenshälfte ihres Zieles. Ich finde deshalb alle Religionen mit einem überweltlichen Ziel äußerst vernünftig, vom Standpunkt einer seelischen Hygiene aus gesehen. *Ges. Werke VIII, S. 441*

Als ob auch ein ganzes Heer von Psychologen etwas gegen einen Gott vermöchte! Wahre Produktivität ist ein Quell, der eben nicht verstopft werden kann. Gibt es irgendeine List auf Erden, mit deren Hilfe man die großen Meister, Mozart und Beethoven, am Produzieren hätte hindern können? Schöpferkraft ist stärker als der Mensch. *Ges. Werke XVII, S. 133*

Der Teufel läßt sich am besten mit der Geduld schlagen, denn er hat keine. *Briefe III, S. 25*

Deshalb möchten alle, daß ich meinen Glauben an bestimmte metaphysische Behauptungen endgültig bekenne, und beklagen sich bitter, daß ich ihren Wünschen nicht nachkomme. Das Bedauerliche ist, daß sie über ihre eigenen Glaubensinhalte nicht nachdenken wollen, während ich, wie auch einige Kirchenväter, darauf bestehe, daß wir über religiöse Fragen nachdenken müssen, und daß der Weg zur Gotteserkenntnis mit Selbsterkenntnis beginnt. *Briefe III, S. 63/64*

Man muß sich stets der Tatsache bewußt sein, daß Gott ein Geheimnis ist, und alles, was wir darüber aussagen, ist von Menschen gesagt und geglaubt. Wir machen uns Bilder und Auffassungen, und wenn ich von Gott rede, so meine ich immer das Bild, das sich die Menschen von Ihm machen. Wie Er aber ist, weiß niemand, er wäre denn selber ein Gott. Daß unter irgendeinem Aspekt wir auch an der Göttlichkeit teilhaben, darauf macht uns Christus selber aufmerksam, indem er sagt: »Ihr seid Götter.«

Briefe III, S. 198

Was man einst den »Heiligen Geist« nannte, ist eine treibende Kraft, die zu vertieftem Bewußtsein und größerer Verantwortung führt und somit zu reicherer Erkenntnis. Die wahre Geschichte der Welt erscheint als fortschreitende Inkarnation der Gottheit. *Briefe III, S. 178*

Ich bin Gott jeden Tag dankbar, daß ich die Wirklichkeit der imago Dei in mir erfahren durfte. Hätte ich das nicht, so wäre ich ein bitterer Feind des Christentums und der Kirche insbesondere. Dank diesem actus gratiae hat mein

Leben Sinn, und mein inneres Auge wurde aufgetan für die Schönheit und Größe des Dogmas.

Briefe II, S. 108

Das Böse des Guten und das Gute des Bösen sind leider, leider! nicht auszuwischende Tatsachen. Die Psychologie ist daran so wenig schuld wie die Zoologie an den Läusen. Sie weiß bloß darum, und wer unbewußt bleiben will (und damit dem Teufel dient), der haßt und verdächtigt die Psychologie. Der regierende Fürst dieser Welt haßt das Licht der Erkenntnis wie die Pest. Wenn das Gute nicht sein Böses et vice versa hätte, so wäre der Gedanke, daß Gott sein armseliges Geschöpflein Mensch gar in Versuchung führen könnte, eine absurde Blasphemie. Denn dann wäre es ein leichtes, sich stets für das Gute zu entscheiden. *Briefe II, S. 109*

Die Kirche sollte die Traumlehre ernst nehmen, da die cura animarum zu ihren Pflichten gehört.

Briefe III, S. 381

Alles, was sich der Mensch unter Gott vorstellt, ist psychisches Bild; und es ist nicht weniger ein Bild, auch wenn er tausendmal versichert, es sei kein Bild. Wäre es keines, so könnte er sich überhaupt nichts vorstellen. Darum sagt Meister Eckhart ganz richtig, daß »got ein reines nîhte« sei. *Briefe II, S. 189*

Die einfache Wahrheit, daß dem Gebet nicht nur eine große Bedeutung zukommt, sondern daß es eine tiefe Wirkung auf die menschliche Psyche ausübt, ist Ihnen gewiß bekannt. Faßt man den Begriff des Gebetes in seinem weitesten Sinn und nimmt auch die buddhistische und hinduistische Meditation (als seine Entsprechungen) hinzu, so ließe sich sagen, daß es die universalste Form religiöser oder philosophischer Konzentration des Geistes und aus diesem Grunde eine der ursprünglichsten und häufigsten Methoden darstellt, den geistigen Zustand zu wandeln. Hätte sich diese psychologische Methode als unwirksam erwiesen, so wäre sie schon längst erloschen, aber niemand, der nur ein wenig menschliche Erfahrung besitzt, kann ihre Wirkungskraft leugnen. *Briefe II, S. 191*

Anstatt daß wir uns selber, d. h. unser Kreuz, selber tragen, beladen wir Christus mit unseren ungelösten Konflikten. Wir »stellen uns unter *sein* Kreuz«, aber beileibe nicht unter unser eigenes. Wer letzteres tut, ist ein Ketzer, Selbsterlöser, »Psychoanalytiker« und Gott weiß was. Das Kreuz Christi wurde *von ihm selber getragen* und war *sein eigenes*. Sich unter ein fremdes und schon getragenes Kreuz zu stellen, ist sicherlich einfacher, als sein eigenes Kreuz unter dem Spott und der Verachtung seiner Umwelt zu tragen. Man bleibt ja dabei schönstens in der Tradition und wird als fromm gelobt. Das ist wohlorganisiertes Pharisäertum und äußerst unchristlich. Nur wer im Sinn und Geist Christi lebt, ist christlich. Wer Christus imitiert und sozusagen die Unverschämtheit besitzt, Christi Kreuz auf sich nehmen zu wollen, wo er nicht einmal sein eigenes tragen kann, hat nach meiner Ansicht noch nicht einmal das Abc der christlichen Botschaft verstanden. *Briefe II, S. 290*

Der Mensch ist der Spiegel, den Gott sich vorhält, oder das Sinnesorgan, mit dem Er Sein Sein erfaßt. *Briefe II, S. 328*

Sicher müssen wir an die Vernunft glauben. Aber sie sollte uns nicht hindern, ein Mysterium zu erkennen, wenn wir ihm begegnen.

Briefe II, S. 306

Durch die Leugnung Gottes wird der Mensch vergottet. *Briefe II, S. 391*

Der naive Primitive *glaubt nicht, er weiß*, denn die innere Erfahrung gilt ihm mit Recht soviel wie die äußere. Er hat noch keine Theologie und hat sich noch nicht von dumm-pfiffigen Begriffen vernebeln lassen. Er richtet sein Leben – notgedrungenerweise – nach äußeren und inneren *Tatsachen*, die er nicht, wie wir, gesondert empfindet. Er lebt in *einer* Welt, wir aber nur in der einen Hälfte und glauben bloß, oder auch nicht, an die andere. Wir haben sie mit der sogenannten »Geistesentwicklung« zugedeckt, d. h., wir leben bei selbstfabriziertem elektrischem Licht, und – zur Erhöhung der Komik – glauben wir oder glauben wir nicht an die Sonne.

Briefe II, S. 209

Der Mensch von heute will *verstehen und nicht angepredigt werden.* *Briefe II, S. 280*

Ist Glaube echt und lebendig, dann wirkt er. Ist er aber nur Einbildung und Willensanstrengung ohne Verständnis, dann achte ich seinen inneren Wert gering. Leider ist dieser unbefriedigende Zustand in unserer Zeit sehr verbreitet, und da dem, der nicht glauben kann, sondern verstehen möchte, nur Zweifel und Skepsis bleiben, wird die ganze christliche Überlieferung als bloße Phantasie über Bord geworfen. Darin sehe ich einen ungeheuren Verlust, für den wir einen schrecklichen Preis zu zahlen haben werden. Die Wirkung zeigt sich in der Auflösung ethischer Werte und einer totalen Desorientierung unserer »Weltanschauung«. Die »Wahrheit« von Naturwissenschaft und »Existentialphilosophie« ist ein schwacher Ersatz. *Briefe II, S. 437*

Wem sind die vielen Sünden vergeben? Denen, die viel geliebt haben. Aber denen, die wenig lieben, sind wenig Sünden vergeben.

Ges. Werke XI, S. 375

Das Böse ist dummerweise ebenso wirklich wie das Gute, denn beides ist ein Tatbestand, den der eine gut nennt und der andere böse. *Briefe II, S. 508*

Überdies war der Teufel *vor* dem Menschen und gewiß nicht gut. Der Teufel aber ist nicht *nichts*. Der Gegensatz des Guten ist darum nicht nichts, sondern ein ebenso wirkliches Böses.

Briefe II, S. 471

Will der Arzt einem Menschen helfen, so muß er ihn in seinem So-sein annehmen können. Er kann dies aber nur dann wirklich tun, wenn er zuvor sich selber in seinem So-sein angenommen hat. *Ges. Werke XI, S. 367*

Daß das göttliche Urwesen Männliches und Weibliches umfaßt, ist eine schon prähistorische Erkenntnis. *Ges. Werke XI, S. 495*

Daß ich den Bettler bewirte, daß ich dem Beleidiger vergebe, daß ich den Feind sogar liebe im Namen Christi, ist unzweifelhaft hohe Tugend. Was ich dem Geringsten unter meinen Brüdern tue, das habe ich Christo getan. Wenn ich nun aber entdecken sollte, daß der Geringste von allen, der Ärmste aller Bettler, der Frechste aller Beleidiger, ja der Feind selber in mir ist, ja daß ich selber des Almosens meiner Güte bedarf, daß ich mir selber der zu liebende Feind bin, was dann? Dann dreht sich in der Regel die ganze christliche Wahrheit um, dann gibt es keine Liebe und Geduld mehr, dann sagen wir zum *Bruder in uns* »Racha«, dann verurteilen wir und wüten gegen uns selbst. Nach außen verbergen wir es, wir leugnen es ab, diesem Geringsten in uns je begegnet zu sein, und sollte Gott selber es sein, der in solch verächtlicher Gestalt an uns herantritt, so hätten wir ihn tausendmal verleugnet, noch ehe überhaupt ein Hahn gekräht hätte.

Ges. Werke XI, S. 367/368

Wer mit Hilfe der modernen Psychologie nicht nur hinter die Kulissen seiner Patienten, sondern vor allem hinter seine eigenen geblickt hat – und das muß ein Psychotherapeut, der nicht ein naiver Schwindler ist, getan haben –, der muß gestehen, daß es das Allerschwierigste, ja das Unmögliche ist, sich selber in seinem erbärmlichen So-sein anzunehmen. *Ges. Werke XI, S. 368*

Die Freudsche Psychoanalyse beschränkt sich bekanntlich darauf, die Schattenwelt und das Böse bewußt zu machen. Sie eröffnet einfach den vorher latenten Bürgerkrieg. Und damit hat es dann seine Bewenden. Der Patient muß sehen, wie er selber damit fertig wird. Freud hat leider ganz übersehen, daß der Mensch noch zu keiner Zeit imstande war, allein mit den Mächten der Unterwelt, das heißt des Unbewußten, fertig zu werden. Er bedurfte dazu stets der geistigen Hilfe, welche ihm seine jeweilige Religion gewährte. *Ges. Werke XI, S. 372*

Ich finde, daß alle meine Gedanken um Gott kreisen wie die Planeten um die Sonne, und wie diese von Ihm als der Sonne unwiderstehlich angezogen sind. Ich müßte es als gröbste Sünde empfinden, wenn ich dieser Gewalt Widerstand entgegensetzen sollte. *Briefe II, S. 470*

Das Christusleben nachahmen ist keine leichte Sache; aber es ist unsäglich viel schwieriger, das eigene Leben so zu leben, wie Christus das seine gelebt hat. *Ges. Werke XI, S. 368*

Die Kirche ist »Durchgang« und Brücke zwischen denen, die mehr, und denen, die weniger bewußt sind; und insofern ist sie sinnvoll.

Briefe II, S. 393

V

Selbsterkenntnis

Das einzige, was wirklich hilft

Bekanntlich versteht man in psychologischer Hinsicht gar nichts, was man nicht selber erfahren hat. *Ges. Werke XVII, S. 226*

Vorlesungen halten, Vorschriften geben, Kenntnisse einpumpen, alle diese der Universität geläufigen Verfahrensweisen taugen hier gar nichts. Das einzige, was wirklich hilft, ist die Selbsterkenntnis und die dadurch bewirkte Änderung der geistigen und moralischen Einstellung. *Briefe III, S. 284*

Es ist sehr wohl möglich, daß wir die Welt von der verkehrten Seite anschauen und daß wir die richtige Antwort finden könnten, wenn wir unseren Standpunkt änderten und sie von der anderen Seite her betrachteten, d. h. nicht von außen, sondern von innen. *Briefe III, S. 327*

Der menschliche Geist, noch immer ein Jüngling, opfert alles für eine neue technische Errungenschaft, aber hütet sich sorgfältig, einen Blick in sein Inneres zu tun. *Briefe III, S. 358*

Die heilsame Wirkung kann in letzter Linie nur stattfinden von Mensch zu Mensch. *Briefe III, S. 284*

Tatsächlich sind Träume unparteiische, der Willkür des Bewußtseins entzogene, spontane Produkte der unbewußten Seele. Sie sind reine Natur und deshalb von unverfälschter, natürlicher Wahrheit, daher wie nichts anderes geeignet, uns dann eine dem menschlichen Grundwesen entsprechende Haltung wiederzugeben, wenn sich unser Bewußtsein zu weit von seiner Grundlage entfernt und in einer Unmöglichkeit festgefahren hat.

Die Beschäftigung mit den Träumen ist eine Art von *Selbstbesinnung.* Wobei aber nicht das Ichbewußtsein sich auf sich selbst besinnt, sondern es beschäftigt sich mit der objektiven Gegebenheit des Traumes als einer Mitteilung oder Botschaft der unbewußten, all-einen Menschheitsseele. Man besinnt sich wohl auf sich selbst, aber nicht auf das *Ich*, sondern auf jenes fremde *Selbst*, das uns ureigen, ja unser Stamm ist, aus dem das Ich einst wuchs. Es ist uns fremd, weil wir durch die Verirrung des Bewußtseins uns ihm entfremdeten. *Ges. Werke X, S. 173*

Den Schatten zu erkennen, nenne ich das Gesellenstück; mit der Anima auszukommen hingegen das Meisterstück, welches nicht viele zustande kriegen. *Briefe III, S. 225*

Das Schlimmste an der Unwissenheit ist, daß sie nie sieht, wie unwissend sie ist. *Briefe III, S. 34*

Was für ein Segen wäre es zum Beispiel, wenn man wenigstens nur einige Prozent des Volkes mit der Tatsache bekannt machen könnte, daß es sich nicht lohnt, andere jener Fehler anzuklagen, an denen man selber am meisten krankt!

Ges. Werke XVII, S. 123

Die Bedeutung des Menschen hat sich durch die Inkarnation erhöht. Wir haben teil am göttlichen Leben und müssen neue Verantwortung übernehmen: sie liegt in der Weiterführung der göttlichen Selbstverwirklichung, nämlich in der Aufgabe unserer Individuation. Individuation bedeutet nicht nur, daß der Mensch, im Unterschied zum Tier, wahrhaft menschlich geworden ist, sondern daß er auch teilweise göttlich werden soll. Das heißt praktisch, daß er erwachsen wird, verantwortlich für seine Existenz, wissend, daß nicht nur er von Gott abhängt, sondern daß Gott auch vom Menschen abhängt. In der Beziehung des Menschen zu Gott muß sich wahrscheinlich eine bedeutende Wandlung vollziehen! Unsere Gottesverehrung und unsere Beziehung zu Gott werden nicht mehr in propitiierenden Lobpreisungen zu Ehren eines unberechenbaren Königs oder in Kindergebeten zu einem liebenden Vater Ausdruck finden, sondern im verantwortlich gelebten Leben und in der Erfüllung des göttlichen Willens in uns Gestalt gewinnen. *Briefe III, S. 42/43*

Der Mensch hat bereits so viel Wissen erworben, daß er seinen eigenen Planeten zerstören kann. Wir wollen hoffen, daß Gottes guter Geist ihn in seinen Entscheidungen führen wird, denn von der Entscheidung des Menschen hängt es ab, ob Gottes Schöpfung bestehen bleibt. Nichts zeigt drastischer als diese Möglichkeit, wieviel göttliche Macht in die Hände des Menschen gelegt worden ist. *Briefe III, S. 43*

Wenn der Mensch mit sich selbst uneins ist und es nicht weiß, hat er Illusionen; wenn er aber weiß, daß er mit sich uneins ist, ist er individuiert. Nach Schopenhauer ist Humor die einzige göttliche Eigenschaft des Menschen. *Briefe III, S. 51*

Wenn Sie einsam sind, so liegt das daran, daß Sie sich isolieren; sind Sie bescheiden genug, dann bleiben Sie niemals einsam. Nichts isoliert uns mehr als Macht und Prestige. Versuchen Sie, herabzusteigen und Bescheidenheit zu lernen, und Sie werden nie allein sein! *Briefe III, S. 93*

Einsamkeit ist für mich eine Heilquelle, die mir das Leben lebenswert macht. *Briefe III, S. 95*

So unwahrscheinlich dies auch klingen mag: es ist nur der einzelne, welcher der heute drohenden Vermassung der Völker entgegenzuwirken berufen ist. In diesem sehr ungleich erscheinenden Kampf steht das Individuum keineswegs auf verlorenem Posten, wenn es ihm gelingt, mit der alten christlichen Forderung Ernst zu machen, den Balken im eigenen Auge zu erkennen und sich nicht über den Splitter im Auge des anderen zu ärgern. *Briefe III, S. 133*

Worauf es ankommt, ist daß Sie *nicht* abhängig sind und daß Sie sich als *nicht* abhängig zu fühlen beginnen. Sich abhängig fühlen ist reines Ausweichmanöver. Gerade durch eine solche Einstellung lähmen Sie sich, und das ist der Grund, warum Sie sich nicht auf eigene Füße stellen können. Der richtige Weg ist Ihr eigener Weg, und Sie müssen sich entschließen, diesen Weg zu gehen. *Briefe II, S. 80*

Man wird das Evangelium immer wieder lesen, und auch ich selber lese es immer wieder. Man liest es nämlich mit viel mehr Gewinn, wenn man einige Einsicht in die eigene Seele hat. Wer aber sein eigenes Herz nicht kennt, dessen Augen sind blind, und deshalb empfehle ich immer die Anwendung von etwas Psychologie, damit man gerade Dinge wie das Evangelium noch besser verstehen kann. *Briefe II, S. 80*

Alle großen Organisationen, die ausschließlich materialistische Zwecke verfolgen, sind die Schrittmacher der Vermassung. Die einzige Möglichkeit, diese aufzuhalten, ist die Entwicklung des Bewußtseins des einzelnen Menschen.

Briefe II, S. 91

Je mehr die Vermassung droht, desto stärker wird sich auf der andern Seite die Betonung des Individuums geltend machen. *Briefe II, S. 95*

Die Beschäftigung mit der Psychologie hat die unweigerliche Folge, daß die individuelle Bewußtheit verstärkt wird, was erfahrungsgemäß das allerbeste Mittel ist gegen den verheerenden Einfluß der Massenpsyche. *Briefe II, S. 95*

Die Angst ist eine verkehrte Aggressivität. Infolgedessen bedeutet das, wovor man Angst hat, eine Aufgabe. Wenn Sie Angst vor den eigenen Gedanken haben, so sind gerade Ihre Gedanken die Aufgabe. *Briefe II, S. 132*

Der Mensch kann vom Wege abweichen, er kann ungehorsam sein; denn er besitzt Bewußtheit. Bewußtheit ist einerseits Triumph und Segen, anderseits unser schlimmster Teufel, der uns hilft, alle nur denkbaren Gründe und Mittel zu ersinnen, dem göttlichen Willen gegenüber ungehorsam zu sein. O ja, die Dinge sind sehr viel schwieriger als sie sein sollten! Deshalb ist uns jeder willkommen, der behauptet, sie seien einfach. *Briefe II, S. 106*

Eine politische Situation ist Ausdruck eines parallelen psychischen Problems in Millionen von Individuen. Dieses Problem ist in hohem Maße *unbewußt* (was seine besondere Gefährlichkeit ausmacht!). Es entsteht aus dem Konflikt zwischen einem bewußten (ethischen, religiösen, philosophischen, sozialen, politischen und psychologischen) Standpunkt und einem andern, unbewußten, der durch die gleichen Aspekte, jedoch auf einer »niedrigeren«, d. h. archaischeren Stufe, gekennzeichnet ist. *Briefe II, S. 163*

Technik und »soziale Wohlfahrt« tragen nichts zur Überwindung der geistigen Stagnation bei und geben keine Antwort auf unsere geistige Unzufriedenheit und Ruhelosigkeit; und ihretwegen sind wir von innen wie von außen bedroht. Wir haben noch nicht verstanden, daß die Entdeckung des Unbewußten eine gewaltige geistige Aufgabe darstellt, die geleistet werden *muß*, wenn wir unsere Kultur erhalten wollen.

Briefe II, S. 166

Solange das Böse ein μὴ ὄν (ein Nicht-Seiendes, der Hrsg.) ist, *wird niemand den Schatten ernst nehmen*. Es wird weiter so sein, daß Hitler und Stalin nur einen »zufälligen Mangel an Vollkommenheit« darstellen. *Die Zukunft der Menschheit wird in hohem Maße von der Schattenerkenntnis* abhängen. Das Böse ist – psychologisch gesprochen – *furchtbar real*. Es ist ein verhängnisvoller Irrtum, seine Macht und Wirklichkeit zu verkleinern – und wenn auch nur im metaphysischen Sinn. Es tut mir leid, aber diese Frage reicht bis zu den Wurzeln des Christentums. Das Böse wird wahrhaftig nicht geringer, wenn es als Nicht-Wirklichkeit oder als ein bloßes Verschulden des Menschen vertuscht wird. *Briefe II, S. 169*

Gibt es denn eine Berufung oder ein sinnvolles Leben, das nicht irgendwelche Opfer verlangt? Auf der Suche nach Bewußtheit gibt es nirgends absolute Sicherheit. Zweifel und Unsicherheit sind unerläßliche Komponenten eines vollständigen Lebens. Nur wer sein Leben *wirklich* verlieren kann, wird es gewinnen. *Briefe II, S. 394*

Niemand, der die innere Erfahrung nicht wirklich kennt, ist imstande, einen anderen von ihr zu überzeugen. Reden allein – ganz gleich wie gut gemeint – wird nie überzeugen. Ich habe viele Menschen ohne religiöse Erziehung und ohne religiöse Einstellung behandelt, aber im Verlauf der Behandlung, eines in der Regel langen und schwierigen Unternehmens, machten sie natürlicherweise innere Erfahrungen, die ihnen zur richtigen Einstellung verhalfen. *Briefe II, S. 411*

Der wahre Affe in uns ist das Bewußtsein, und es ist das Bewußtsein, das nachahmt und wiederholt. Aber das Unbewußte ist eine instinktive Größe und als solche sehr konservativ und schwer beeinflußbar. *Briefe II, S. 443*

Das Risiko der Gruppentherapie ist das Steckenbleiben auf kollektivem Niveau. *Briefe II, S. 453*

Was wird aber, wenn (der Arzt, d. H.) er nur allzudeutlich sieht, woran sein Patient krankt, daß er nämlich *keine Liebe* hat, sondern bloß Sexualität, keinen *Glauben*, weil ihn die Blindheit schreckt, keine *Hoffnung*, weil ihn Welt und Leben desillusioniert haben, und keine *Erkenntnis*, weil er seinen eigenen Sinn nicht erkannt hat?

Ges. Werke XI, S. 359

Man kann sich auch schlechterdings kein System und keine Wahrheit ausdenken, welche das gäben, was der Kranke zum Leben braucht, nämlich Glaube, Hoffnung, Liebe *und Erkenntnis*.

Ges. Werke XI, S. 359

Gibt es überhaupt – so wird man sich fragen – eine zuverlässige Methode der Traumdeutung? Man kann sich doch nicht irgendwelchen Spekulationen anvertrauen? Ich teile diese Bedenken in vollem Maße, und ich bin sogar überzeugt, daß es keine absolut zuverlässige Methode der Deutung gibt. Absolute Zuverlässigkeit in der Deutung von Naturgegebenheiten gibt es überhaupt nur innerhalb der engsten Grenzen, wo nämlich nie mehr dabei heraus kommt, als man hineingesteckt hat. Unsere gesamte Naturerklärung ist ein Wagnis. Methoden entstehen erst lange nachdem die Pionierarbeit geleistet ist.

Ges. Werke X, S. 174

Man muß sich bei der Deutungsarbeit allerhand abergläubischer Voraussetzungen enthalten, so vor allem des Gedankens, daß die in den Träumen vorkommenden Personen zum Beispiel nichts anderes seien als diese selben Personen in der Wirklichkeit. Man darf dem gegenüber nie vergessen, daß man in allererster Linie und sozusagen ausschließlich von und aus sich selber träumt. (Für die Ausnahmen gibt es ganz bestimmte Regeln, die ich hier aber nicht erwähnen will.) Wenn wir diese Wahrheit anerkennen, so werden wir dadurch gelegentlich vor sehr interessante Probleme gestellt. Ich erinnere mich an zwei lehrreiche Fälle: Der eine träumte von einem betrunkenen Vagabunden, der im Straßengraben lag, der andere von einer betrunkenen Prostituierten, die sich in der Gosse wälzte. Ersterer war ein Theologe, letztere eine distinguierte Dame der großen Gesellschaft, beide empört und entsetzt und durchaus nicht gewillt, zuzugeben, daß man von und aus sich selber träume. Ich gab beiden den wohlwollenden Rat, sich ein Stündchen Selbstbesinnung zu gönnen und fleißig und mit Andacht zu betrachten, wo und inwiefern sie beide nicht viel besser seien als der betrunkene Bruder im Straßengraben und die Schwester Prostituierte in der Gosse. Mit einem solchen Kanonenschuß beginnt oft der subtile Prozeß der Selbsterkenntnis. Der »andere«, von dem wir träumen, ist nicht unser Freund und Nachbar, sondern der andere in uns, von dem wir vorzugsweise sagen: »Herr, ich danke dir, daß ich nicht bin wie dieser da.« Gewiß hat der Traum, dieses Naturkind, keine moralisierende Absicht, er stellt bloß das allbekannte Gesetz dar, nach welchem keine Bäume in den Himmel wachsen. *Ges. Werke X, S. 175/176*

Die Kunst des Träume-deuten-Könnens kann man nicht aus Büchern lernen. Methoden und Regeln sind nur gut, wenn man auch ohne sie gehen kann. Wirkliches Können hat nur der, der's kann, und wirkliches Verständnis nur der Verständige. Niemand, der sich selbst nicht kennt, kann den anderen kennen. Und in jedem von uns ist auch ein anderer, den wir nicht kennen. Er spricht zu uns durch den Traum und teilt uns mit, wie anders *er* uns sieht, als *wir* uns sehen. Wenn wir uns daher in einer unlösbar schwierigen Lage befinden, so kann der fremde andere uns unter Umständen ein Licht aufstekken, welches wie nichts anderes geeignet ist, unsere Einstellung von Grund auf zu verändern, nämlich eben jene Einstellung, die uns in die schwierige Lage hineingeführt hat.

Je mehr ich mich im Laufe der Jahre in diese Probleme vertieft habe, desto mehr wurde in mir der Eindruck verstärkt, wie krankhaft einseitig unsere moderne Menschenerziehung ist. Gewiß ist es richtig, wenn wir der Jugend Augen und Ohren für die Weite der Welt öffnen, aber daß wir meinen, die jungen Leute seien damit fürs Leben wirklich erzogen, ist ein unerhörter Wahn. Diese Erzogenheit reicht gerade so weit, um jungen Menschen eine äußere Anpassung an die Weltwirklichkeit zu ermöglichen; aber an die Anpassung an das Selbst, an die Mächte der Seele, die doch alles, was es an Großmächten in der Welt gibt, um ein Vielfaches übersteigen, denkt kein Mensch. *Ges. Werke X, S. 174/175*

Wie soll ein Mensch erfahren, wie nötig er eine Erlösung hat, wenn er selbstsicher meint, er brauche von nichts erlöst zu werden.

Ges. Werke X, S. 501

Etwas im Menschen ist göttlicher Natur.

Ges. Werke X, S. 585

Der Mensch kann erstaunliche Dinge auf sich nehmen, wenn sie einen Sinn für ihn haben.

Ges. Werke XI, S. 85

Das Ziel des Lebens ist die Verwirklichung des Selbst. *Briefe II, S. 232*

Das Bedeutende nur erlöst. *Ges. Werke XI, S. 358*

Das Werden der Persönlichkeit ist ein Wagnis.

Ges. Werke XVII, S. 210

Wenn eine Minderwertigkeit bewußt ist, hat man immer die Chance, sie zu korrigieren.

Ges. Werke XI, S. 83

VI

Mensch-Werden

Eltern sind die Hauptquelle für die Neurosen ihrer Kinder

Nichts wirkt seelisch stärker auf die menschliche Umgebung, besonders auf die Kinder, als das ungelebte Leben der Eltern.

Ges. Werke XV, S. 12

Unzweifelhaft ist es für die Eltern von größtem Nutzen, die Symptome ihres Kindes im Lichte ihrer eigenen Probleme und Konflikte zu betrachten. Dies zu tun, ist Elternpflicht. Ihre Verantwortung in dieser Hinsicht reicht so weit, als es in ihrer Macht steht, ihr eigenes Leben so zu gestalten, daß es für die Kinder keine Schädigung bedeutet. Es wird im allgemeinen viel zu wenig betont, wie wichtig die Lebensführung der Eltern für das Kind ist, denn auf das Kind wirken Tatsachen und nicht Worte. Darum sollten die Eltern immer im Bewußtsein halten, daß sie selber gegebenenfalls die erste und hauptsächliche Quelle für die Neurose ihrer Kinder sind.

Ges. Werke XVII, S. 54

Das einzige, was das Kind vor unnatürlichem Schaden bewahrt, ist das Bemühen der Eltern, den seelischen Schwierigkeiten des Lebens nicht durch Täuschungsmanöver und künstliches Unbewußtbleiben auszuweichen, sondern diese vielmehr als Aufgaben zu akzeptieren mit größtmöglicher Ehrlichkeit vor sich selber und unter sorgfältigster Durchleuchtung gerade der dunkeln Winkel. *Ges. Werke XVII, S. 96*

Es kommt also nicht darauf an, daß die Eltern keine Irrtümer begehen – das wäre menschenunmöglich –, sondern daß sie dieselben als solche erkennen. Nicht das Leben soll angehalten werden, sondern unsere Unbewußtheit; in erster Linie die des Erziehers, das heißt die eigene, denn jeder ist Erzieher seines Mitmenschen zum Guten oder zum Bösen. *Ges. Werke XVII, S. 96*

Unser Erziehungsproblem leidet allgemein am einseitigen Hinweis auf das zu erziehende Kind und an der ebenso einseitigen Nichtbetonung der Unerzogenheit der erwachsenen Erzieher.

Ges. Werke XVII, S. 193

Die Geburt eines Kindes ist das für jeden Menschen schlechthin wichtigste Ereignis.

Ges. Werke XVII, S. 23

Ohne *Bestimmtheit, Ganzheit* und *Reifung* wird keine Persönlichkeit offenbar. *Ges. Werke XVII, S. 194*

Zur Persönlichkeit kann niemand erziehen, der sie nicht selber hat. Denn in der Erreichung der Persönlichkeit liegt nichts Geringeres als die bestmögliche Entfaltung des Ganzen eines besonderen Einzelwesens.

Persönlichkeit ist höchste Verwirklichung der eingeborenen Eigenart des besonderen lebenden Wesens. *Ges. Werke XVII, S. 195*

Die Persönlichkeit entwickelt sich im Laufe des Lebens aus schwer oder gar undeutbaren Keimanlagen, und erst durch unsere Tat wird es offenbar, wer wir sind. Wir sind wie die Sonne, welche das Leben der Erde nährt und allerhand Schönes, Seltsames und Übles hervorbringt; wir sind wie die Mütter, die unbekanntes Glück und Leiden im Schoße tragen. Wir wissen zunächst nicht, welche Taten oder Untaten, welches Schicksal, welches Gute und welches Böse wir enthalten; und erst der Herbst wird zeigen, was der Frühling gezeugt hat, und erst am Abend wird deutlich sein, was der Morgen begann.

Die Persönlichkeit als eine völlige Verwirklichung der Ganzheit unseres Wesens ist ein unerreichbares Ideal. Die Unerreichbarkeit ist aber nie ein Gegengrund gegen ein Ideal, denn Ideale sind nichts als Wegweiser und niemals Ziele.

Ges. Werke XVII, S. 196

Ohne Not verändert sich nichts, am wenigsten die menschliche Persönlichkeit.

Ges. Werke XVII, S. 197

Die Persönlichkeit nämlich kann sich niemals entfalten, ohne daß man bewußt und mit bewußter moralischer Entscheidung *den eigenen Weg* wählt. *Ges. Werke XVII, S. 198*

Man kann sich aber moralisch für den eigenen Weg nur dann entscheiden, *wenn man ihn für das Beste hält.* Wenn irgendein anderer Weg für besser gehalten werden sollte, so würde an Stelle der eigenen Persönlichkeit jener gelebt und damit entwickelt. Die anderen Wege sind die Konventionen, moralischer, sozialer, politischer, philosophischer und religiöser Natur. Die Tatsache, daß die Konventionen immer in irgendeiner Art blühen, beweist, daß die erdrückende Mehrzahl der Menschen nicht den eigenen Weg, sondern die Konvention wählt und infolgedessen nicht sich selbst entwickelt, sondern eine Methode, und damit ein Kollektivum auf Kosten der eigenen Ganzheit. *Ges. Werke XVII, S. 198*

Die Tatsache, daß sehr viele an ihrem eigenen Wege zugrunde gehen, bedeutet dem, der Bestimmung hat, nichts. Er *muß* dem eigenen Gesetze gehorchen, wie wenn es ein Dämon wäre, der ihm neue, seltsame Wege einflüstert. Wer *Bestimmung* hat, hört die *Stimme des Inneren*, er ist *bestimmt.* *Ges. Werke XVII, S. 200*

Bestimmung haben heißt im Ursinn: *von einer Stimme angesprochen sein.* *Ges. Werke XVII, S. 200*

Man negiert Unbequemes, und Unerwünschtes wird sublimiert, Ängstliches wird wegerklärt, Irrtümer werden berichtigt, und am Schluß meint man, man hätte nun alles trefflich arrangiert. Dabei hat man die Hauptsache vergessen: nämlich, daß das Psychische nur zum geringsten

Teil mit dem Bewußtsein und seinen Zauberkunststücken identisch ist, zum weitaus größeren Teil ist es unbewußte Tatsache, die hart und schwer wie der Granit unbeweglich und unzugänglich daliegt und jederzeit, sobald es unbekannten Gesetzen beliebt, auf uns niederstürzen kann. Die gigantischen Katastrophen, die *uns* bedrohen, sind keine Elementarereignisse physischer oder biologischer Natur, sondern psychische Ereignisse. Uns bedrohen in schreckenerregendem Maße Kriege und Revolutionen, die nichts anderes sind als psychische Epidemien. Jederzeit können einige Millionen Menschen von einem Wahn befallen werden, und dann haben wir wieder einen Weltkrieg oder eine verheerende Revolution. Statt wilden Tieren, stürzenden Felsen, überflutenden Gewässern ausgesetzt zu sein, ist der Mensch jetzt seinen seelischen Elementargewalten ausgesetzt. Das Psychische ist eine Großmacht, die alle Mächte der Erde um ein Vielfaches übersteigt. Die Aufklärung, welche die Natur und die menschlichen Institutionen entgöttert hat, hat den *einen Gott des Schreckens*, der in der Seele wohnt, übersehen. Gottesfurcht ist vor der Übermacht des Psychischen, wenn irgendwo, am Platze. *Ges. Werke XVII, S. 201/202*

Nach Überschreitung der Lebensmitte nämlich tritt jene merkwürdige seelische Veränderung ein, die man wohl als eine Umkehrung der seelischen Lebensrichtung bezeichnen könnte.

Ges. Werke XV, S. 14

So wie die große Persönlichkeit sozial lösend, erlösend, umgestaltend und heilend wirkt, so hat auch die Geburt der eigenen Persönlichkeit heilende Wirkung auf das Individuum. Es ist, wie wenn ein in versumpfte Nebenarme sich verlierender Strom plötzlich wieder sein Strömungsbett entdeckte, oder wie wenn ein Stein, der auf einem keimenden Samen lag, weggehoben würde, so daß das Schoß sein natürliches Wachstum beginnen kann.

Die Stimme des Inneren ist die Stimme eines volleren Lebens, eines weiteren, umfänglicheren *Bewußtseins*. *Ges. Werke XVII, S. 208*

Das Leben ist ein energetischer Ablauf wie irgendeiner. Aber jeder energetische Vorgang ist im Prinzip irreversibel und darum eindeutig auf ein Ziel gerichtet, und das Ziel ist die Ruhelage.

Ges. Werke VIII, S. 446

Wie es eine große Zahl junger Menschen gibt, die im Grunde genommen eine panische Angst haben vor dem Leben, das sie doch so sehr ersehnen, so gibt es eine vielleicht noch größere Zahl alternder Menschen, welche dieselbe Furcht vor dem Tode haben. Ja, ich habe die Erfahrung gemacht, daß gerade jene jungen Leute, welche das Leben fürchten, später ebensosehr an Todesangst leiden. *Ges. Werke VIII, S. 446*

Mit der Erlangung der Reife und des Höhepunktes des biologischen Lebens, welcher ungefähr mit der Lebensmitte zusammenfällt, hört aber die Zielstrebigkeit des Lebens keineswegs auf. Mit derselben Intensität und Unaufhaltsamkeit, mit der es vor der Lebensmitte bergauf ging, geht es jetzt bergab, denn das Ziel liegt nicht auf dem Gipfel, sondern im Tale, wo der Aufstieg begann. Die Kurve des Lebens ist wie eine Geschoßparabel. In seiner anfänglichen Ruhelage gestört, steigt das Geschoß auf und kehrt wieder zur Ruhelage zurück. *Ges. Werke VIII, S. 446/447*

Der Nährboden der Seele ist das natürliche Leben. Wer dieses nicht begleitet, bleibt in der Luft hängen und erstarrt. Darum verholzen soviele Menschen im reifen Alter, sie schauen zurück und klammern sich an die Vergangenheit mit geheimer Todesfurcht im Herzen. Sie entziehen sich dem Lebensprozeß wenigstens psychologisch und bleiben darum als Erinnerungssalzsäulen stehen, die sich zwar noch lebhaft an ihre Jugendzeit zurückerinnern, aber kein lebendiges Verhältnis zur Gegenwart finden können. Von der Lebensmitte an bleibt nur der lebendig, der mit dem Leben sterben will. Denn das, was in der geheimen Stunde des Lebensmittags geschieht, ist die Umkehr der Parabel, *die Geburt des Todes*. Das Leben der zweiten Lebenshälfte heißt nicht Aufstieg, Entfaltung, Vermehrung, Lebensüberschwang, sondern Tod, denn sein Ziel ist das Ende. Seine-Lebenshöhe-nicht-Wollen ist dasselbe wie Sein-Ende-nicht-Wollen. Beides ist: Nicht-leben-Wollen. Nicht-leben-Wollen ist gleichbedeutend mit Nicht-sterben-Wollen. Werden und Vergehen ist dieselbe Kurve. *Ges. Werke VIII, S. 447/448*

Man ist in der Regel an seine Vergangenheit verhaftet und bleibt in der Illusion der Jugendlichkeit stecken. Altsein ist äußerst unpopulär. Man scheint nicht zu berücksichtigen, daß Nicht-altern-Können genau so blödsinnig ist wie den Kinderschuhen Nicht-entwachsen-Können. Ein Mann von dreißig, der noch infantil ist, ist wohl bedauernswert, aber ein jugendlicher Siebzigjähriger, ist das nicht entzückend? Und doch sind beide pervers, stillos, psychologische Naturwidrigkeiten. Ein Junger, der nicht kämpft und siegt, hat das Beste seiner Jugend verpaßt, und ein Alter, welcher auf das Geheimnis der Bäche, die von Gipfeln in Täler rauschen, nicht zu lauschen versteht, ist sinnlos, eine geistige Mumie, welche nichts ist als erstarrte Vergangenheit. Er steht abseits von seinem Leben, maschinengleich sich wiederholend bis zur äußersten Abgedroschenheit. Was für eine Kultur, die solcher Schattengestalten bedarf! *Ges. Werke VIII, S. 448*

Wie die Flugbahn des Geschosses im Ziel, so endet das Leben im Tod, der mithin das Ziel des ganzen Lebens ist. *Ges. Werke VIII, S. 448*

Dem Aufstieg des Lebens billigen wir Ziel und Sinn zu, warum nicht dem Abstieg? Die Geburt des Menschen ist bedeutungsschwanger, warum nicht der Tod? Der junge Mensch wird zwanzig und mehr Jahre auf die völlige Entfaltung seiner Einzelexistenz vorbereitet, warum soll er sich nicht zwanzig und mehr Jahre auf sein Ende vorbereiten? Allerdings – mit dem Höhepunkt hat man es sichtlich erreicht, man ist's und man hat's. Was ist aber mit dem Tod erreicht? *Ges. Werke VIII, S. 448/449*

Ja, man kann sogar behaupten, daß die Mehrzahl dieser Religionen komplizierte Systeme der Vorbereitung des Todes sind, und zwar in einem solchen Maße, daß das Leben tatsächlich im Sinne meiner obigen paradoxen Formel nichts bedeutet als eine Vorbereitung auf das letzhinnige Ziel, den Tod. Für die beiden größten lebenden Religionen, das Christentum und den Buddhismus, vollendet sich der Sinn des Daseins in seinem Ende. *Ges. Werke VIII, S. 449*

Denn es ist ebenso neurotisch, sich nicht auf den Tod als ein Ziel einzustellen, wie in der Jugend die Phantasien zu verdrängen, welche sich mit der Zukunft beschäftigen. *Ges. Werke VIII, S. 451*

Im ganzen war ich erstaunt, zu sehen, wie wenig Aufhebens die unbewußte Seele vom Tode macht. Demnach müßte der Tod etwas verhältnismäßig Belangloses sein, oder unsere Seele kümmert sich nicht darum, was dem Individuum zufälligerweise zustößt. Um so mehr aber scheint sich das Unbewußte dafür zu interessieren, *wie* man stirbt, nämlich, ob die Einstellung des Bewußtseins zum Sterben paßt oder nicht.

Ges. Werke VIII, S. 451

Es ist einer der verhängnisvollsten soziologischen und psychologischen Irrtümer, an denen unsere Zeit so reich ist, daß man so häufig meint, von irgendeinem gegebenen Augenblick an könne etwas ganz anders werden, zum Beispiel könne sich der Mensch von Grund auf verändern, oder es könnte eine Formel oder Wahrheit gefunden werden, die einen ganz neuen Anfang darstelle usw. Es ist noch immer ein Wunder gewesen, wenn überhaupt etwas wesentlich anders oder sogar besser geworden ist. Das Abgleiten von den Wahrheiten des Blutes erzeugt neurotische *Rastlosigkeit*, etwas, von dem man heutzutage nachgerade genug haben könnte. Rastlosigkeit erzeugt Sinnlosigkeit, und Sinnlosigkeit des Lebens ist ein seelisches Leiden, das unsere Zeit noch nicht in seinem ganzen Umfang und in seiner ganzen Tragweite erfaßt hat.

Ges. Werke VIII, S. 455

Die großen Lebensprobleme sind nie auf immer gelöst. Sind sie es einmal anscheinend, so ist es immer ein Verlust. Ihr Sinn und Zweck scheint nicht in ihrer Lösung zu liegen, sondern darin, daß wir unablässig an ihnen arbeiten.

Ges. Werke VIII, S. 434

Statistisch zeigen die Depressionen von Männern um vierzig herum eine gesteigerte Häufigkeit. Bei Frauen beginnen die neurotischen Schwierigkeiten in der Regel etwas früher. In dieser Lebensphase, eben zwischen fünfunddreißig und vierzig, bereitet sich nämlich eine bedeutende Veränderung der menschlichen Seele vor.

Ges. Werke VIII, S. 434

Nicht immer klärt sich im erwachsenen Alter der Wein der Jugend, manchmal trübt er sich auch.

Ges. Werke VIII, S. 435

Ich sagte vorhin, daß wir keine Schulen für Vierzigjährige hätten. Das ist nicht ganz wahr. Unsere Religionen sind seit alters solche Schulen oder waren es einmal. Aber für wie viele sind sie es noch? Wie viele von uns älteren Leuten sind in einer solchen Schule wirklich für das Geheimnis der zweiten Lebenshälfte, für das Greisenalter, den Tod und die Ewigkeit erzogen worden?

Ges. Werke VIII, S. 438

Im Unbewußten eines jeden Mannes ist eine weibliche Persönlichkeit verborgen, und eine männliche Persönlichkeit in jeder Frau.

Ges. Werke IX,1, S. 302

Bewußtsein und Unbewußtes ergeben kein Ganzes, wenn das eine durch das andere unterdrückt und geschädigt wird. Wenn sie einander schon bekämpfen müssen, dann möge es wenigstens ein ehrlicher Kampf mit gleichem Recht auf beiden Seiten sein. Beide sind Aspekte des Lebens. Das Bewußtsein sollte seine Vernunft und seine Selbstschutzmöglichkeiten verteidigen, und das chaotische Leben des Unbewußten sollte auch die Möglichkeit haben, seiner eigenen Art zu folgen, soviel wir davon ertragen können. Dies bedeutet offenen Kampf und offene Zusammenarbeit in einem. So sollte offenbar das menschliche Leben aussehen. *Ges. Werke IX,1, S. 306*

Selbstbeherrschung ist ein typisch männliches Ideal. Es wird durch Verdrängung der Gemütsvorgänge erreicht. Gefühl ist eine spezifisch weibliche Tugend, und weil nun ein Mann zur Erreichung seines Ideals von Männlichkeit alle weiblichen Züge, die er ebensosehr besitzt wie eine Frau männliche, unterdrückt, so verdrängt er auch gewisse Gemütsbewegungen als weibliche Schwäche. Damit häuft er im Unbewußten Weibischkeit oder Sentimentalität auf.

Ges. Werke X, S. 55

Selten oder sozusagen nie entwickelt sich eine Ehe glatt und ohne Krisen zu einer individuellen Beziehung. Es gibt keine Bewußtwerdung ohne Schmerzen. *Ges. Werke XVII, S. 218/219*

Der Wege, die zur Bewußtwerdung führen, sind manche, aber sie folgen doch gewissen Gesetzen. Im allgemeinen beginnt die Wandlung mit dem *Anbruch der zweiten Lebenshälfte.* Die Mitte des Lebens ist eine Zeit höchster psychologischer Wichtigkeit. *Ges. Werke XVII, S. 219*

Die Mitte des Lebens ist der Moment größter Entfaltung, wo der Mensch noch mit seiner ganzen Kraft und seinem ganzen Wollen in seinem Werke steht. Aber in diesem Augenblicke auch wird der Abend geboren, die zweite Lebenshälfte beginnt. Die Leidenschaft ändert ihr Gesicht und heißt jetzt Pflicht, das Wollen wird unerbittlich zum Muß, und die Wendungen des Weges, die früher Überraschung und Entdekkung waren, werden zur Gewohnheit. Der Wein hat vergoren und beginnt sich zu klären.

Ges. Werke XVII, S. 219

Jeder Mann trägt das Bild der Frau von jeher in sich, nicht das Bild *dieser* bestimmten Frau, sondern *einer* bestimmten Frau.

Dasselbe gilt auch von der Frau, auch sie hat ein ihr angeborenes Bild vom Manne. Die Erfahrung lehrt, daß man genauer sagen sollte: ein Bild von *Männern*, während beim Manne es eher ein Bild von *der* Frau ist. Da dieses Bild unbewußt ist, so ist es immer unbewußt projiziert in die geliebte Figur und einer der wesentlichsten Gründe für leidenschaftliche Anziehung und ihr Gegenteil. Ich habe dieses Bild als *Anima* bezeichnet und finde darum die scholastische Frage: »Habet mulier animam?« sehr interessant, indem ich der Ansicht bin, diese Frage sei insofern intelligent, als der Zweifel berechtigt erscheint. Die Frau hat keine Anima, sondern einen *Animus*. Die Anima hat einen erotisch-emotionalen, der Animus einen räsonierenden Charakter, daher das meiste, was die Männer über weibliche Erotik und überhaupt über weibliches Gefühlsleben zu sagen wissen, auf der Projektion ihrer eigenen Anima beruht und darum schief ist. Die erstaunlichen Annahmen und Phantasien der Frauen über die Männer beruhen auf der Wirksamkeit des Animus, der unerschöpflich ist in der Erzeugung unlogischer Urteile und falscher Kausalitäten.

Ges. Werke XVII, S. 224

Große Begabungen sind ja die schönsten und oft gefährlichsten Früchte am Baume der Menschheit. Sie hängen an den dünnsten Zweigen, die leicht abbrechen. *Ges. Werke XVII, S. 163*

Ein schöpferisches Vermögen kann sich leider auch ebensogut destruktiv auswirken. Ob es sich zum Guten oder zum Bösen wendet, darüber entscheidet allein die moralische Persönlichkeit. Und wenn diese nicht vorhanden ist, so vermag sie kein Erzieher zu vermitteln oder zu ersetzen.

Ges. Werke XVII, S. 163

Wenn man die Geschichte des menschlichen Geistes studiert, so steht man immer und immer wieder unter dem Eindruck der Tatsache, daß die Entwicklung des Geistes mit einer Erweiterung des Umfanges des Bewußtseins einhergeht, und daß jeder Schritt vorwärts eine äußerst schmerzhafte und mühevolle Errungenschaft ist. Man könnte beinahe sagen, daß nichts dem Menschen mehr verhaßt sei, als selbst den kleinsten Teil seines Unbewußtseins aufzugeben. Er hat eine tiefe Furcht vor dem Unbekannten.

Ges. Werke XVII, S. 92

Es kommt nicht darauf an, mit wieviel Wissen beladen einer aus der Schule tritt, sondern ob es der Schule gelungen ist, den jungen Menschen aus der unbewußten Identität mit der Familie herausgelöst und seiner selbst bewußt gemacht zu haben. Ohne dieses Bewußtsein seiner selbst wird er nie wissen, was er wirklich will, sondern er wird stets in Abhängigkeit bleiben und bloß nachahmen, mit dem Gefühl, verkannt und unterdrückt zu sein. *Ges. Werke XVII, S. 69*

Es ist meine feste Überzeugung, daß von jetzt an bis in unbestimmte Zukunft das wahre Problem ein psychologisches sein wird. Die Seele ist Vater und Mutter all der anscheinend unlösbaren Schwierigkeiten, die sich vor unseren Augen zum Himmel türmen. Wir bedürfen durchaus einer neuen Orientierung, und ich hoffe, daß mein schwacher Einsatz und der Ihre zur Lösung des großen Rätsels beitragen werden.

Briefe III, S. 243

Unser äußeres Leben sollte wohl – gemessen an unserem Lebensstandard – glücklich sein. Das Gegenteil ist der Fall. Entgegen allen Erwartungen sind wir nur glücklich, wenn wir uns mühsam emporarbeiten – wie Till Eulenspiegel! Oder wir sind zufrieden, wenn wir eigentlich bedrückt sein sollten. Wir hassen und fürchten die Irrationalität der inneren Welt. Darum sind wir unfähig, mit den Dingen, wie sie sind, zu leben. Diese Kunst beherrschen wir nicht. Meinungen sind uns wichtiger als das wirkliche Leben, und wir sind eher geneigt, an Worte zu glauben als an Tatsachen. Die Folge davon ist, daß unsere Existenz nicht dreidimensional ist, sondern nur zweidimensional.

Um so intensiver wird unsere geheime Sehnsucht nach Ganzheit. *Briefe III, S. 351*

Die Psychoneurose ist im letzten Verstande ein Leiden der Seele, die ihren Sinn nicht gefunden hat. Aus dem Leiden der Seele aber geht alle geistige Schöpfung hervor und jeglicher Fortschritt des geistigen Menschen, und der Grund des Leidens ist der geistige Stillstand, die seelische Unfruchtbarkeit. *Ges. Werke XI, S. 358*

Da nun in der Regel alle hergebrachten Begriffe und Anschauungen versagen, müssen wir zunächst den Weg der Krankheit gehen, den Irrweg, der die Konflikte noch verschärft und die Vereinsamung zur Unerträglichkeit steigert, in der Hoffnung, daß aus der Tiefe der Seele, aus der alle Zerstörung kommt, auch das Rettende wachse. *Ges. Werke XI, S. 373*

Woher kommt das Bewußtsein? Was ist überhaupt Seele? Und hier ist die ganze Wissenschaft am Ende.

Es ist, wie wenn auf dem Höhepunkt der Krankheit das Zerstörende sich in das Heilende umkehrte. Dies geschieht dadurch, daß die sogenannten Archetypen zu selbständigem Leben erwachen und die Führung der seelischen Persönlichkeit übernehmen, anstelle des untauglichen Ich und seines ohnmächtigen Wollens und Strebens. Der religiöse Mensch würde sagen: Gott hat die Führung übernommen.

Ges. Werke XI, S. 373

Der unentdeckte Weg in uns ist wie ein psychisch Lebendiges, das die klassische chinesische Philosophie »Tao« nennt und einem Wasserlauf vergleicht, der unerbittlich sich zu seinem Ziele bewegt. Im Tao sein, bedeutet Vollendung, Ganzheit, erfüllte Bestimmung, Anfang und Ziel und völlige Verwirklichung des den Dingen eingeborenen Daseinssinnes. Persönlichkeit ist Tao. *Ges. Werke XVII, S. 211*

Quellen

C. G. Jung	Gesammelte Werke Bd. I–XIX, Walter-Verlag
C. G. Jung	Briefe Bd. I–III, Walter-Verlag
C. G. Jung	Wirklichkeit der Seele, Studienausgabe, Walter-Verlag
C. G. Jung	Das C. G. JUNG-Lesebuch, Ausgewählt von Franz Alt, Walter-Verlag
C. G. Jung	Vom Abenteuer Wachsen und Erwachsenwerden, Ausgewählt von Franz Alt, Walter-Verlag
C. G. Jung	Von Mensch und Gott, Ausgewählt von Franz Alt, Walter-Verlag